다산의 법과 정의 이야기

조선시대 살인사건 수사일지

다산의 법과 정의 이야기

다산 정약용 지음 | 오세진 편역

홍익출판 미디어그룹

序

|

사대부들은 어려서부터 머리가 희어질 때까지 오직 시
(詩)나 부(賦)를 지을 뿐이므로 갑자기 목민관(牧民官)
이 되면 어리둥절하여 손쓸 바를 모른다. 그러다 살인 사
건 같은 강력 범죄가 일어나면 감히 알아서 처리하지 못
하고 간사한 아전에게 맡겨버리니, 저 돈만 밝히고 의리
를 천하게 여기는 아전이 어찌 시중에 맞춰 형벌을 처리
할 수 있겠는가.

목민관들이 정사를 보는 여가에 이 책을 펼쳐놓고 공
부하면서, 여기에 더해 《무원록(無冤錄)》과 《대명률(大
明律)》을 참고한다면 사건을 심의하는 데 도움이 될 것
이요, 하늘이 준 권한을 잘못 집행하지 않게 될 것이다.

이 책을 '흠흠(欽欽)'이라 한 것은 '삼가고 삼가는' 일
이야말로 형벌을 다스리는 근본이기 때문이다.

_ 《흠흠신서》 서문 중에서

들어가기 전에 • 8

알아두기 • 20

1장

어느 한쪽에도
치우치면 안 된다

1. 누구를 위한 복수인가? • 26

2. 사람을 업신여긴 죄 • 39

3. 살인보다 더 악랄한 죄 • 44

4. 아들을 죽인 아버지의 변명 • 49

5. 패륜아의 화해법, 그리고 은밀한 거래 • 53

6. 기울어진 운동장의 여인들 • 57

7. 불효한 아내를 죽인 남편 • 61

2장

나라에 법이 있다면
어찌 이럴 수 있겠는가?

8. 나라에 법이 있다면 어찌 이럴 수 있겠는가? • 66

9. 가진 자들이 더 겸손해야 하는 이유 • 73

10. 상급자의 갑질, 죽음으로 이어지다 • 78

11. 아들의 패륜을 바라보는 두 개의 시선 • 83

12. 짧은 순간의 자기 결정과 그 책임 • 87

13. 누구도 사사로이 죄를 물을 수 없습니다 • 91

14. 임금이 칭찬한 여인의 복수극 • 96

3장

법은 흔들림이
없어야 한다

15. 강력 범죄 수사의 모범 사례 • 106

16. 미궁에 빠진 살인 사건의 비밀 • 112

17. 죽어 마땅한 자를 단죄하다 • 124

18. 그를 어떻게 벌할 수 있겠는가? • 130

19. 허물 많은 여인의 수상한 죽음 • 135

20. 배은망덕한 노비를 때려죽였다 • 140

21. 법전에 없는 죄를 어떻게 벌할까? • 146

4장

조선판
유전무죄 무전유죄

22. 수사관 정약용, 살인 사건을 해결하다 • 152

23. 암행어사 정약용, 진범을 찾아내다 • 158

24. 법집행의 일관성이 중요합니다 • 163

25. 자식 대신 살인범을 자처한 어머니 • 169

26. 재산 싸움 뒤에 숨은 흉계 • 174

27. 고부 갈등, 그리고 자살과 복수 • 180

28. 조선판 유전무죄 무전유죄 • 184

5장

법이란 억울한 백성을
살리는 것이다

29. 엽전 두 닢 때문에 살인을 저질렀다 • 194

30. 미성년자의 살인, 어떻게 처벌할까? • 199

31. 음주 살인 사건의 결말(1) • 203

32. 음주 살인 사건의 결말(2) • 209

33. 한증막 사망 사고의 비밀 • 215

34. 만들어진 사건의 수혜자는 누구인가? • 220

35. 미치광이의 묻지 마 살인 • 227

36. 정약용의 추리, 진상을 밝히다 • 232

정치가이자 법률가였던 정약용

정약용(丁若鏞, 1762~1836)은 학자이면서 동시에 정치가였다. 그가 가진 다양한 재능과 깊고 넓은 지식을 감안하면 그를 단지 정치가와 학자로만 한정할 수는 없지만, 그는 정치를 통해 세상을 바꾸고 싶어 하는 열망이 누구보다 강한 정치가였다.

그가 평생을 학문에 매진한 것도 실제적으로는 그것을 현실 세계에서 사용하기 위해서였다. 그의 학문을 '실학(實學)'이라고 부르는 이유도 그러한 까닭이다. 그는 공직을 잃은 채 지낸 18년 동안의 유배 기간에도 항상 정치적 복권을 열망했고, 자신의 능력과 전문성을 보여주기 위해 다양한 분야의 서적을 저술하는 데 힘쓰기도 했다.

다산(茶山), 사암(俟菴), 여유당(與猶堂), 채산(菜山) 등 다양한 이름으로 불리는 정약용은 대대로 벼슬을 해온 가문에서 유복하게 자란 '금수저'였다. 하지만 그가 지방의 수령과 암행어사가 되어 향촌을 돌아다니며 목격한 조선 민중의 피폐한 현실은 그를 크게 깨우치게 만들었다. 엉터리 정치, 잘못된 관행, 사리사욕을 챙기기에 바쁜 공직자들에 의해 백성들이 지옥과도 같이 고통받고 있는 현실은 그에게 조선이라는 나라에 필요한 것이 무엇인지를 절감하게 했다.

다산은 정조 임금의 지지를 받으며 세상을 바꿀 개혁을 준비했지만, 끝내 그의 능력과 개혁안은 현실에 쓰이지 못했다. 당쟁이 치열하던 정치적 소용돌이 속에서 정적들의 공격을 받아 관직을 잃고 유배를 떠나게 되었기 때문이다. 명목은 서학(西學), 즉 천주교를 믿었다는 것으로 40세이던 1801년의 일이었다.

일반적으로 유배를 가게 되면 심신이 피폐해지고 의욕을 잃기 마련이지만 다산은 오히려 학문에 매진했다. 제자들은 물론이고 지방의 재력가들도 물심양면으로 도와서 다산이 공부하고 저술하는 데 집중할 수 있게 했다.

유배 생활 동안 정치, 법률, 의술, 교육, 과학기술, 지리, 법, 문학, 예술 등 광범위한 분야를 넘나들며 관련서를 생산해낸 다산은 특히 유배 말기와 해배(解配 귀양을 풀어줌) 후에 학문이 완숙한 경지에 이르러 '1표 2서(一表二書)'라 불리는 《경세유표(經世遺表)》, 《목민심서(牧民心書)》, 《흠흠신서(欽欽新書)》를 완성했다.

《경세유표》는 조선의 정치 제도 전반에 대한 개혁을 제안하는 책이고, 《목민심서》는 지방 관리들의 폭정과 그것을 바로잡을 수 있는 지침에 관한 내용을 담고 있다. 그리고 《흠흠신서》는 형법, 법 행정, 살인 사건 판례와 그에 대한 비평을 실은 저술이다.

다산은 이렇게 조선의 미래를 위한 정치 개혁 방안을 제시함으로써 청렴하고 정의로운 공직 사회를 만들고 싶어 했지만 모든 것은 끝내 물거품이 되고 말았다. 그의 든든한 뒷배였던 정조의 죽음과 그 이후 급속도로 진행된 지지자들의 몰락과 함께 다산이 설 자리는 없었기 때문이다.

그가 현실 정치 세계로 돌아와 자신의 개혁 방안을 맘껏 펼쳤다면 조선의 역사는 어떻게 달라졌을까? 그가 정치적 역량을 발휘하지 못한 일은 조선의 후반기 역사에서 참으로 아쉬운 일이 아닐 수 없다.

다산은 《흠흠신서》를 왜 썼을까?

조선시대에는 정치인이 곧 법관이기도 했다. 당시에는 법관이 전문적인 관직으로 따로 있지 않았고 사법, 입법, 행정의 권력 분립도 제도화되어 있지 않았다.

형사 사건의 경우, 특히 살인을 저지른 중범죄자에 대한 사형 판결만큼은 왕의 전결 사항이었지만 특별한 경우에는 관찰사가 왕에게 보고하고 최종적인 판결을 지시받아 대리 집행할 수 있었다.

조선의 사법 제도에서 최대 문제 중 하나는 지방의 사법 권력으로 군림했던 관찰사나 부사(府使) 같은 수령들이 사법적 경험이나 지식을 충분히 갖추지 못한 경우가 많았다는 점이다. 그렇다 보니 심지어 중인 계급인 아전이 재판을 대행하는 경우가 비일비재했다.

중국에서 들어온《대명률(大明律)》과 같은 법전이 있음에도 형사 사건을 조사할 때는 '네 죄를 네가 알렸다' 식으로 다짜고짜 곤장부터 치고 보는 비인간적인 조사가 횡행했다. 그러니 당연히 억울한 일을 당하는 백성들이 많았고, 바로 그런 이유로 지방 관리들이 지침으로 삼을 형사 사건 판례집이 필요했다. 영조 때부터 법률서 편찬이 많이 이루어진 데는 이런 배경이 있다.

30권 10책으로 구성된《흠흠신서》는 형사 사건을 처리할 때의 원리와 실제 사건 사례, 그리고 다산의 비평을 실은 책이다. 실제 사건의 사례는 주로 중국의 경전과 역사서, 소설, 그리고 18세기 조선에서 실제로 일어났던 사건을 수집하여 편집했다. 이로써 지방 관리들은 강력 사건이 발생하면《흠흠신서》에서 유사한 사례를 찾아내어 일차적인 조사와 판결 과정을 진행해나갈 수 있게 되었다.

다산은 어떻게 이런 법률서를 쓸 수 있었을까? 다산의 일생을 살피다 보면 그의 삶의 행적과 짧지만 굵직했던 관직 경험이 그것을 가능케 했음을 알 수 있다. 다산의 아버지는 지방의 수령을 역임한 인물로, 어려서부터 가까이에서 아버지가 형사 사건을 처리하는 과정을 볼 수 있었다.

뿐만 아니라 다산은 황해도 곡산 부사로 재직하면서 직접 사건을 조사한 경험이 있고, 암행어사로 발탁되어 여러 지방을 돌아다니며 비리를 밝히고 행정 실태를 조사한 일도 있었다. 그리고 강진에서의 유배 생활 중에는 향촌 백성들의 눈높이에서 국가 권력이 어떻게 살인 사건을 비롯한 강력 범죄를 조사하고 처리하는지 눈여겨볼 수 있었다.

다산은 법과 관련된 직책으로 형조참의(刑曹參議)라는 관직에 있었는데, 정3품 관직인 이 자리는 오늘날 법무부 차관보에 해당하는 중책이다. 다산은 여기서 전국에서 올라오는 수많은 보고서들을 직접 살피면서 형법에 관한 나름의 식견과 안목을 키웠을 것이다. 《흠흠신서》에는 그러한 경험들이 녹아들어 조선 최고의 판례집이자 수사 방법 안내서가 될 수 있었다.

《흠흠신서》에 실린 정조의 판결문과 다산의 논평에서 가장 인상적인 부분은 상호 견제, 납득, 인정(人情)을 사법 행정에서 중요한 가치로 인식했다는 점이다. 《흠흠신서》를 보면 어떤 사건을 조사하고, 판결하고, 시행하는 일련의 과정 속에서 관련자들이 서로 견제하고 조율한 모습이 보인다.

이렇듯이 조선시대에는 왕이 권력의 정점으로서 인명 사건의 최종 판결을 내렸지만 무조건 왕의 뜻만으로 결정되지는 않았다.

해당 사건이 일어난 지방 수령의 조사 보고와 형조의 보고가 있기 때문에 그것들을 모두 부정하고 독단적으로 판결을 내리기는 어려웠던 것이다.

국왕은 사법 조직의 정수였지만 반드시 백성들을 납득시킬만한 판결을 내야 했다. 모든 판결에는 민심이 충분히 고려되어야 했다는 얘기다. 법이 그렇기 때문에 법대로 한다기보다는 '백성들이 마음으로 따를 수 있는' 판결을 내려야 한다는 말은 정조의 판결문에도 고스란히 드러나 있다.

전근대 시대의 왕정에서 민심을 고려하여 일반 백성들이 수긍할 수 있도록 판결을 내렸다는 사실은 매우 인상적이다. 그렇다는 것은 우리가 왕정 시대의 판결에 대해 가지는 편견보다 훨씬 더 합리적이고 탈권위주의적인 부분이 있었다는 얘기가 된다.

정조와 다산은 모두 법과 인정을 함께 고려하여 판결을 내려야 한다고 했다. 인정은 어떤 상황 속에서 사람이라면 반드시 가지는 마음 상태와 감정을 말한다. 정조 시대에는 살인을 저질렀을 때 법대로 죄를 적용하면 사형이지만 인정을 고려하여 사형을 면해주는 일이 많았다. 법이 판결의 기준이 되기는 하지만, 그것을 절대시하지는 않았다는 뜻이다.

조선의 법률서들

《흠흠신서》 외에도 조선에는 여러 종류의 법률서들이 있었다. 중국에서 조선으로 들어온 것도 있고, 조선에서 직접 만들어진 것도 있었다. 그중 중국에서 건너온 《대명률》은 가장 기본적인 법률서로 쓰였지만 우리 실정에 맞지 않는 부분이 많다는 게 문제였다.

영조는 이런 점을 개선하기 위해 《속대전(續大典)》을 편찬토록 했다. 이것은 조선 초에 발행된 《경국대전(經國大典)》 이후의 교령과 조례를 계속해서 모아 편찬한 기본 법전으로, 《흠흠신서》에 나오는 정조의 판결문에는 《대명률》과 《속대전》의 법조문이 많이 등장하는데 이 법전들이 조선의 형법에서 가장 중요하게 기능했음을 알 수 있다.

정조는 영조에 이어서 왕권 강화의 일환으로 많은 법률서를 편찬했다. 당시에는 지방의 수령들이 백성들을 함부로 고문하거나 법에 의거하지 않고 제멋대로 형벌을 내리는 남형(濫刑)이 수두룩했다. 이런 폐단을 막기 위해 만든 것이 《흠휼전칙(欽恤典則)》이다. 이것은 최대한 신중하게 죄인을 심리하라는 준칙을 정한 법률서로, 여기에 형구(刑具)의 규격과 형을 집행하는 주체를 규정해놓았다.

조선시대의 법률서로 제일 중요한 것이 《무원록(無寃錄)》이다. 이 책은 1308년 중국 원(元)나라의 왕여(王與)가 편찬한 법의학

서로, 태종 때 처음 조선에 들어왔지만 실제로 이 책자를 참고로 검시(檢屍)를 하는 제도가 시행된 것은 세종 때부터였다.

이 책은 송(宋)나라 때의 형사 사건 지침서인 《세원록(洗冤錄)》이나 《평원록(平冤錄)》을 바탕으로 편찬한 것으로, 법을 집행함에 있어 억울한 사람을 만들지 말라는 인본주의 정신에 기초하고 있다.

검시를 진행할 때는 의원, 법관, 수령, 관찰사, 아전 같은 사람들이 함께 가서 시신의 옷을 벗기고 하나하나 검시를 했다. 살인의 실제 원인과 주범을 밝히기 위해서는 시신 위에 남겨진 흔적을 조사하여 기록하는 것이 필수였다.

《무원록》에는 시신을 검시하는 방법과 절차에 대한 내용이 들어 있어 살인 사건이 일어나면 이 책에 의거해서 검시 보고서를 작성하도록 했다. 나중에 정조는 이 책의 잘못된 부분과 빠진 내용을 수정 보완하여 한글로 번역할 것을 명했고, 그렇게 하여 편찬된 책이 《증수무원록언해(增修無冤錄諺解)》이다.

정조 때에는 형법 판례집인 《심리록(審理錄)》도 편찬되었다. 정조의 어명으로 만들어진 이 책자는 사형에 해당하는 강력 범죄에 대한 조사 기관의 보고서와 정조 자신의 판부(判付 판결문)로 구성되어 있고 연대순, 지역순으로 엮었다.

최고의 정치를 펼치고 싶은 의지가 강했던 정조 임금은 백성들 중에 억울한 사람이 없도록 신중하고 꼼꼼하게 사건을 검토하고 판결을 내렸다. 정조는 조선의 어느 왕보다도 살인 사건의 조사와 판결에 열성적이었는데, 1775년 대리청정 시기부터 1800년 사망할 때까지 직접 사건을 검토하여 판결을 내린 것만 해도 1,112건에 달했다.

하나의 사건에 여러 차례 판결문을 내리기도 했는데, 이런 식으로 직접 판결문을 내린 것만 해도 총 2,574회였다. 이 같은 통계는 그가 재임 기간 동안 평균적으로 매월 3.8건의 사건에 대해 8.9회의 판결을 내렸다는 얘기가 된다.

이토록 신중하게 재판에 임했던 정조는 주로 어떤 판결을 내렸을까? 결론적으로 말하면, 정조는 사람을 살리는 덕스러운 정치를 위해 의혹이 많아서 결론을 내기가 어려운 사건에 대해서는 최대한 가벼운 형을 내린다는 원칙에 따라 관용적인 판결을 내렸다. 정조가 친히 점검하고 판결을 내린 1,112건의 사건 중에서 사형 판결은 단 36건(3.2%)에 그칠 정도니 이런 원칙에 정조가 얼마나 충실했는지 알 수 있다.

이러한 관용주의는 시대를 거슬러 올라가 영조 때부터 있어 왔다. 대대적인 형전(刑典)의 정비를 추진한 영조는 지나치게 혹독한 형벌을 폐지하는 등 범죄자에 대해 처벌을 너그럽게 하는 완형주의(緩刑主義)를 표방했다. 이를 위해 영조는 《대전통편(大典通編)》과 《대명률》을 합친 《전율통보(典律通補)》를 편찬하는 등 형정의 합리적 집행을 위해 노력했다.

재위 기간이 52년에 이를 정도로 길었던 영조의 치세를 어릴 적부터 눈여겨본 정조는 법집행에서의 온정주의적인 태도를 그대로 이어받아 웬만한 사건에는 감형이나 석방의 판결을 내렸다. 이런 식의 관대함이 국법의 엄정함과 정치의 효율성을 저해한다는 견해도 있었지만 정조는 전혀 개의치 않았다.

조선시대 형사 사건의 수사와 판결 과정

조선시대에 지방에서 범죄 사건이 일어나면 일차적으로 해당 지역의 수령이 조사하고, 이를 관찰사가 있는 해당 도(道)에 보고하는 것을 원칙으로 했다. 이때 지방 수령이 사건의 진상이나 범인을 알아내지 못하면 관찰사가 직접 나서서 조사했다.

살인 사건인 경우에는 검시가 필수인데, 첫 번째 검시는 초검(初檢)이라 하여 해당 사건이 일어난 지역의 수령이 초검관이 되었다. 이때 수령은 형방(刑房)을 비롯한 관리와 시신을 살펴보는 의관 등과 함께 현장으로 가서 시체를 살폈다.

두 번째 검시는 재검(再檢), 또는 복검(覆檢)이라 하고 이번에는 인근 고을의 수령이 와서 검시했다. 이는 혈연이나 지연에 의한 편파 수사의 부작용을 차단하려는 정책으로, 보이지 않는 손에 의해 사건이 왜곡되어 엉뚱한 사람이 죄인이 되는 일이 없도록 하기 위해 매우 엄격하게 지켜지는 원칙이었다. 보통 재검까지 했지만 여전히 사건에 의혹이 남는 경우에는 삼검, 사검, 오검까지 시행했다.

강력 사건의 범죄자에 대해 사형을 내리는 일은 반드시 왕의 결정이 있어야 하고, 지방 수령은 태형(笞刑 작은 형장으로 볼기를 치는 형벌)까지만 가능했다. 이는 지방 수령들의 무분별한 법집행으로 인해 엉뚱한 희생자가 나오지 않게 하려는 취지에서 행한 일이기도 하지만, 왕권국가인 조선에서 백성들의 생명 하나하나를 소중히 하는 임금의 자애로운 마음에서 나온 것이었다.

검시에는 반드시 필요한 도구들이 있었다. 검시관들은 '동제검시관척(銅製檢屍官尺)'이라는 표준 자[尺]를 가지고 다니면서 시신에 남은 상처를 측량하여 기록했다. 은비녀도 가지고 다녔는데, 이것을 시신의 목구멍이나 항문에 넣어 독극물에 의해 사망했는지 여부를 판단했다. 만약 독극물에 의해 죽었다면 은비녀의 색깔이 검게 변하게 된다.

검시관들이 검시를 마치고 관찰사에게 보고를 올리면, 관찰사는 검시 결과와 증인들의 증언, 피해자와 가해자의 진술을 종합하여 사건을 정리해서 조정에 올리게 된다. 조정에서는 형조(刑曹)가 사건의 개요와 수사 과정, 그리고 결론적인 판결 내용을 면밀히 검토하여 그 결과를 국왕에게 보고한다.

오늘날로 말하면 일선에서 수사하여 보고를 올리는 관청은 경찰과 비슷하고, 형조는 검찰과 비슷하다. 마지막으로 임금이 지방 관서에서 올라온 보고서와 형조의 보고서를 모두 읽고 최종적인 판결을 내린다. 이때 중요하게 여기는 근거는 다음과 같았다.

첫째, 주범과 종범(從犯)이 명확하게 특정되어야 한다.

둘째, 증인의 증언이 분명하게 갖추어져야 한다.

셋째, 사망의 실제적 원인이 명백히 밝혀져야 한다.

이런 내용들이 조사를 통해 분명하게 밝혀져서 왕이 판단하기 쉬운 경우는 바로 최종 판결을 내리지만 사건 내용이 복잡하게 얽히고 수사 상황이 미진하여 판결 자체가 어려운 경우가 훨씬 많았다.

이럴 경우에는 판결이 지체되어 용의자는 오랜 기간 감옥에 갇힌 채로 계속 조사를 받아야 했다. 《흠흠신서》에 보면 10년 이상이나 미제 사건으로 남는 바람에 계속 감옥에 갇혀 지낸 사람들이 많이 등장한다.

살인 사건의 경우 확실하게 범행의 전말을 밝혀내지 못하면 임금은 사건의 진상을 규명하기 위해 여러 차례 재수사를 지시하지만 대부분의 재수사는 큰 효과를 보지 못해서 결국 시간만 허비하는 경우가 보통이었다. 그 이유는 이미 시신이 부패하여 다시 검시를 하지 못하거나 증인들이 나이가 들어 죽거나 소재가 불명해지는 경우가 많았기 때문이다.

《흠흠신서》의 구성과 내용

《흠흠신서》는 〈경사요의(經史要義)〉, 〈비상준초(批詳雋抄)〉, 〈의율차례(擬律差例)〉, 〈상형추의(祥刑追議)〉, 〈전발무사(剪跋蕪詞)〉 5부로 구성되어 있다.

〈경사요의〉는 중국의 경전과 역사적 사례에서 법률적 원칙을 뽑아서 제시한다. 〈비상준초〉는 수령이 작성하는 검시 보고서와 관찰사의 수사 보고서의 모범 사례를 실은 것이다. 청나라의 사례를 선별하여 설명하고 용어 해설을 더했다. 사법 행정 실무 지침서의 성격을 띤다.

〈의율차례〉는 중국의 살인 사건 사례를 싣고 다산의 비평을 덧붙였다. 〈상형추의〉는 《흠흠신서》의 가장 핵심적인 부분으로 정조 재위기에 있었던 145건의 사건을 22개의 유형으로 분류하여 실었다. 사건의 개요, 보고서, 정조의 판결문, 정약용 자신의 비평을 함께 실었다. 〈전발무사〉는 정약용이 수령, 형조참의, 암행어사, 유배 이후 시기에 직간접적으로 경험한 사건을 소개한 것이다.

요컨대 〈경사요의〉는 사법 원칙을, 〈비상준초(批詳雋抄)〉는 모범이 되는 사건 보고서를, 〈의율차례(擬律差例)〉는 중국의 살인 사건 사례를, 〈상형추의(祥刑追議)〉는 조선의 살인 사건 사례를, 〈전발무사(剪跋蕪詞)〉는 자신이 직간접적으로 경험한 사건을 수록하여 책을 엮었다.

이 책은 《흠흠신서》 중에서 조선의 사례를 담고 있는 〈상형추의〉, 〈전발무사〉의 사례를 선별하여 편역하였다. 〈상형추의〉는 사건 개요, 검시 보고서, 관찰사의 보고서, 형조의 보고서, 임금의 판결문, 다산의 견해로 구성되어 있다.

하지만 모든 사건이 이렇게 완전한 구성을 갖춘 것은 아니다. 어떤 것은 검시 보고서나 관찰사의 보고서가 빠져 있고, 어떤 것은 임금의 판결문이 빠져 있다. 또한 구성이 모두 갖추어져 있더라도 내용을 소략하거나 각 구성의 일부분에 사실 자료가 흩어져 있어서 읽기가 쉽지 않다. 〈전발무사〉는 유관 기관의 보고서와 다산의 보고서, 다산의 의견 등으로 구성되어 있으나 구성의 편차가 심하다.

하나의 사건을 일목요연하게 파악하기 위해서는 검시 보고서, 관찰사의 보고서, 형조의 보고서, 임금의 판결문, 다산의 견해 속에서 사실 정보를 모아서 이해해야 한다.

그중 사건에 대한 사실 정보는 임금의 판결문에 가장 잘 드러나 있었다. 그렇게 때문에 《심리록》에서 해당 사건을 찾아서 확인해야만 사건의 전모를 파악할 수 있었다. 그런 의미에서 《흠흠신서》와 《심리록》은 서로 보완이 되는 책이다.

이 책을 편역하면서 《심리록》을 많이 참조했다. 특히 사건의 결말과 임금의 판결문은 대부분 《심리록》 내용을 번역한 것이다. 그리하여 책의 구성을 《흠흠신서》 그대로 따르지 않고 사건 개요, 결말과 최종 판결, 다산의 견해, 해설로 단순화하여 읽기 쉽게 만들었다.

체벌의 종류와 방법

조선시대에 신체를 체벌하는 도구에는 크게 태(笞)와 곤장(棍杖)이 있었는데, 태는 회초리와 같이 가는 나뭇가지였고 곤장은 사극에서 자주 보이는 너비가 두꺼운 나무 몽둥이였다. 태는 가벼운 죄에 대한 처벌로 쓰였고, 곤장은 중범죄에 대한 처벌로 쓰였다.

《흠휼전칙》에서는 태의 길이를 109cm, 한쪽의 지름을 0.84cm, 다른 한쪽의 지름을 0.53cm로 규정했다. 태는 형구 중에서 가장 가벼운 처벌 도구로서 지방 수령 이상이면 집행할 수 있도록 규정되었다.

곤장에는 다섯 가지 종류와 규격이 있었다. 중곤(重棍)은 길이가 181cm였고, 타격부의 너비는 15.6cm, 타격부의 두께는 2.4cm였다. 중곤은 곤장 중에 가장 큰 것으로 주로 사형죄를 지은 죄인에게 쓸 수 있었고 군문대장이나 통제사 급의 장교가 사용하도록 규정되었다.

대곤(大棍)은 길이가 175cm였고, 타격부의 너비는 13.7cm, 타격부의 두께는 1.8cm였다. 병조판서, 군문대장, 포도청 관원, 감사 급의 관리가 사용하도록 규정되었다.

중곤(中棍)은 길이가 169cm였고, 타격부의 너비가 12.8cm, 타격부의 두께는 1.5cm였다. 군대의 중간 계급의 장교 급이 사용하도록 규정되었다.

소곤(小棍)은 길이가 159cm였고, 타격부의 너비가 12.4cm, 타격부의 두께는 1.2cm였다. 군대의 하급 장교 급이 사용하도록 규정되었다.

치도곤(治盜棍)은 길이가 178cm였고, 타격부의 너비가 16.5cm, 타격부의 두께는 3.1cm였다. 통제사, 병마절도사 등 지휘관 급이 사용하도록 규정되었다. 주로 변방의 도적을 처벌하거나 변방 관련 업무에서 사용하도록 했다.

1장

—

어느 한쪽에도
치우치면 안 된다

누구를 위한
복수인가?

전라도 강진에 사는 윤덕규에게는 첩의 아들인 태서와 언서가 있었다. 이들 형제가 아버지와 언쟁을 벌이며 멱살잡이를 하다가 아버지를 발로 차고 때렸는데, 그 뒤 아버지가 시름시름 앓다가 반드시 복수하라는 유언을 남기고 38일 만에 죽고 말았다.

이에 본처가 낳은 첫째 아들 윤침과 둘째 아들 윤항은 숙부 윤덕래와 함께 이복형제들인 태서, 언서 형제를 찾아갔다. 그들의 부름에 동생인 언서가 밖으로 나오자, 윤침과 숙부 윤덕래가 양쪽에서 그를 꽉 붙들고 윤항이 그 자리에서 칼로 찔러 죽였다.

윤항은 그러고도 분이 풀리지 않자 언서의 복부를 마구 찔러 내장을 훼손하여 꺼내고는 피가 철철 흐르는 상태에서 자신의 목에 둘렀다. 그 뒤 어떤 이의 신고로 포졸들이 달려와 윤항은 즉시 체포되었다.

초검관으로 사건을 조사한 강진 현감 성종인이 상부에 보고한 바에 따르면 아버지 윤덕규는 태서, 언서 형제에게 신낭(腎囊)을 걷어차이는 폭행을 당한 끝에 끙끙 앓다가 죽었고, 이에 아버지의 원수를 갚으려고 친아들 윤항이 언서를 찔러 죽였다고 했다.

초검관은 윤덕규의 시신에 폭행당한 흔적이 없고, 더구나 폭행당한 지 38일이 되어서야 죽었으므로 보고기한(保辜期限)이 이미 지났기에 폭행이 원인이 되어 죽었다고는 볼 수 없다고 판단했다.

보고기한이란 타인을 폭행하여 상해를 입힌 사람을 일단 감옥에 가두고, 피해자에게는 상처를 치료하도록 시간을 주는 등 일정한 시일이 경과한 다음에 가해자에게 판결을 내리는 기간을 말한다.

보고기한은 범행에 사용한 방법이나 흉기에 따라 기간을 다르게 정했다. 손발을 사용했거나 단순한 물건을 이용해서 폭행한 경우에는 치료 기간 20일에 여유 기간 10일을 주었다. 칼이나 끓는 물, 불 같은 것을 이용해서 폭행했다면 치료 기간 30일에 여유 기간 10일을 주었고, 팔다리 절단이나 골절의 상해를 입힌 경우엔 치료 기간 50일에 여유 기간 10일을 주었다. 만약 보고기한 내에 피해자가 사망하면 살인죄로 사형을 받게 되고, 보고기한을 넘겨 죽으면 사망 원인을 다른 것을 파악하여 사형을 받지 않았다.

이런 원칙에 따라 초검관은 윤덕규가 폭행당한 지 38일 만에 사망했으므로 태서, 언서 형제들의 폭행이 원인이라고 판단하지 않았고, 그렇기 때문에 윤항의 행위는 복수에 의한 것으로 볼 수 없다고 판단했다. 재검을 맡은 장흥 부사 윤수묵도 역시 초검관과 같은 의견이었는데, 윤항이 이복형제들의 행위에 과도하게 분노한 나머지 살인이 자행된 것이라는 의견을 덧붙였다.

　초검과 재검의 보고서를 검토해서 형조에 올려야 하는 전라도 관찰사는 심이지였다. 심이지는 아버지를 죽인 원수를 갚은 것뿐이라고 강변하는 윤항의 진술에, 이 사건을 복수로 인한 살인 행위로 볼 수 있는지를 검토했다.

　조사 과정에서 윤덕규가 평소에 서자들인 태서와 언서를 몹시 업신여겨 그로 인해 갈등이 심했다는 사실을 알게 되었고, 나아가 이들이 주먹다짐을 하며 싸우게 된 이유도 알게 되었다.

　사건이 나던 날, 윤덕규의 창고 마당에서 서자들이 밀과 보리를 달라고 요청했는데 이를 거절하자 다툼이 시작되었다. 이때 태서가 싸움이 격해지자 아버지의 엄지손가락을 꺾었고, 그런 와중에 아버지의 신낭을 걷어찼다고 한다.

　관찰사 심이지가 이상하게 여긴 것은 윤항이 살해한 사람이 주범인 태서가 아니라 동생 언서라는 점이었다. 윤항의 말에 따르면 언서가 먼저 나오기에 홧김에 찔렀다고 했는데, 원수를 갚는 일인데 주범을 제쳐두고 종범을 죽인다는 것은 도저히 이해할 수 없었다.

윤덕규가 죽을 때 폭행당한 자국이 없고, 이미 보고기한도 지난 다음에 죽었기 때문에 이복형제들을 처벌할 수 없다는 사실을 윤항도 이미 알고 있었다. 그래서 심이지는 아버지에 대한 복수라는 명목 말고 이들 사이에 묵은 감정이 있으며, 이 때문에 살해하고는 원수를 갚았다는 평계를 대는 것으로 판단했다. 이에 심이지는 이 사건은 복수 살인으로 볼 수 없으며, 윤항은 단지 일반적인 살인 사건의 범죄자로 처벌받아야 한다고 형조에 보고했다.

그런데 여기서 사건 해결의 향방이 바뀌는 일이 벌어졌다. 세 차례 걸친 사건 조사가 이렇게 윤항 쪽으로 불리하게 돌아가자, 여동생 윤임현이 천릿길을 마다않고 홀로 상경하여 정조 임금의 행차 길을 막고 꽹과리를 치며 억울함을 호소했던 것이다.

아버지 윤덕규가 억울하게 죽었는데도 관청에서는 다친 자국이 분명치 않다고 하여 제때에 처리하지도 않았고, 전라도 감영에서조차 제대로 사건을 분별하지 못해 아버지의 억울한 죽음이 살인 사건으로 성립되지 못했다는 게 윤임현의 하소연이었다.

정조는 궁궐 밖으로 행차할 때 백성들의 목소리에 최대한 귀를 기울였다. 이로써 최고 통치자인 국왕이 귀천을 불문하고 일반 백성들을 직접 만나 그들의 억울한 사정을 귀담아들어주는 소원(訴冤) 제도가 발달하게 되었다.

여기엔 크게 두 가지 방법이 있었다. 하나는 글을 아는 백성이 왕이 거동하는 길거리나 궁궐에 직접 편지를 써서 올리는 '상언(上

言)'이고, 다른 하나는 글을 모르는 백성이 징이나 꽹과리를 쳐서 하소연을 전달하는 '격쟁(擊錚)'이었다.

이런 일은《속대전》이나《대전회통》에 수록될 만큼 제도화해서 널리 권장했다. 조선 초기의 신문고를 대신하는 이런 방법을 통해 백성들은 임금뿐만 아니라 지방의 수령에게도 억울함을 호소하는 일이 많았다.

윤임현의 말에 따르면, 아버지의 죽음으로 인해 할아버지가 충격을 받아 죽었으며 어머니 역시 서자들의 폭행에 집안의 기둥을 어이없이 잃은 사실에 분을 못 이기다 죽는 등 집안이 풍비박산이 났다고 했다.

자초지종을 들은 정조는 이 사건이 의혹이 많은 사건이라고 보고 형조판서, 형조참판, 형조참의 등 세 사람의 고위 관리들에게 의견을 정리하여 보고하라고 명령했다. 이에 세 사람은 이 사건에 대한 저마다의 판단을 임금에게 올렸다.

형조판서 김종수의 의견서

당초에 윤덕규가 죽을 때 살인 사건으로 성립되지 않은 것은 아마도 보고기한 안에 죽었는지, 아니면 그 후에 죽었는지를 기준으로 판단했기 때문인 것 같습니다. 윤덕규가 죽었을 때 폭행 혐의가 있던 윤태서와 윤언서를 보고기한을 평계로 무죄 석방한 것은 경솔했던 것 같지만, 그렇더라도 윤침과 윤항이 돌아가신 아버지의 유언에 따라 복수했다는 것은 더 조사해볼 여지가 있습니다.

먼저 관아에 고발하고 살인자를 단죄해줄 것을 요청한 후에 그 요청이 받아들여지지 않아 복수 살인을 했다면 그 죄는 그리 무겁지 않습니다. 하지만 윤침 형제가 그런 요청을 했다는 기록은 어디에도 없습니다.

이 사건으로 인해 윤덕규의 아버지가 충격으로 죽고 윤덕규 본인도 죽고 윤덕규의 처도 죽어 줄초상이 났는데 남은 자식들도 감옥에 갇혔으니 그 딸이 천리 밖에서 와서 호소하게 되었습니다. 그 정황이 매우 가엾습니다.

그렇지만 사건을 판결할 때는 양측의 말을 공정하게 다 들어봐야 합니다. 더구나 살인 사건은 사람의 목숨이 걸린 일이니 한 쪽의 말만 듣고 판결을 내려서는 더더욱 안 됩니다. 전라도 관찰사에게 더 상세히 조사토록 한 후에 처리하는 것이 어떻겠습니까?

형조참판 홍수보의 의견서

아버지 윤덕규가 태서, 언서 형제에게 구타당하여 살해당한 사실이 명백하고 의문의 여지가 없어야만 윤항의 사건이 《주례(周禮)》[1]에서 말한 '사람을 죽였을 때 정당성이 없는 경우에는 아들이 복수할 수 있다'고 한 조목에 부합합니다.

다만 윤덕규의 사망 시점이 구타당한 지 38일이 지난 후인 점이 의심스럽습니다. 윤침은 맏아들인데도 다른 집에 양자로 가 있어 멀리 살았다고 하나 할아버지와 동생이 모두 집에 있었는데도 바로 관아에 고발하지 않고 7일 후에야 고발장을 제출했으니 이 점 또한 의심스럽습니다.

하지만 윤침, 윤항이 원한을 품고 있다가 기회를 엿보아 배를 찌르고 내장을 손상케 한 것을 보면 윤덕규가 맞아 죽었다는 사실을 확실히 알 수 있습니다. 윤태서도 윤덕규를 구타한 공범인데, 그의 동생인 윤언서가 윤항의 칼을 맞고 이미 죽었다는 사실로 인해 그를 석방할 수는 없습니다.

지금 양측 모두 의심스러운 점이 많으므로 진상이 어떠한지 깊숙한 데까지 판단하기는 어렵습니다. 전라도 관찰사에게 다시 자세하게 조사토록 한 후에 그 내용을 보고 판단하는 것이 어떻겠습니까?

---

1. 중국 주나라 때의 관직 제도와 전국시대 각 나라의 제도를 기록한 유교 경전.

형조참의 김노영의 의견서

만약 윤덕규가 구타당하지 않았다면 윤침, 윤항이 어째서 칼을 품고 기회를 틈타 배를 찌르고 내장을 손상했겠습니까? 또 만약 윤덕규가 구타를 당했다면 어떻게 38일 동안이나 살 수 있고 맞은 흔적이 없을 수 있겠습니까?

하지만 당시에 윤침 형제가 늦게나마 고소를 했고 이에 윤태서를 잡아 가두었으니 구타한 사실은 알 수 있습니다. 비록 윤침, 윤항이 벌인 행위에 복수의 의의를 부여하는 것이 옳더라도 한쪽의 말만을 모두 믿을 수는 없습니다.

* * *

정조 임금은 이 사건이 처음부터 조사가 부실했고, 해당 관청의 벼슬아치들이 백성들의 억울함을 풀어주려는 노력을 기울이지 않았다고 매섭게 질타했다. 초검관과 재검관의 태도는 몹시 모호하고 분별력이 없었으며 수령은 인지상정에 맞지 않는 판결을 내렸다고 보았다.

그리하여 정조는 특히 수령들을 거느리고 지방의 법질서를 세워야 할 관찰사가 직무 태만의 죄를 지었다고 판단하여 처벌할 것을 명하고 초검관, 재검관도 풍속과 교화를 어지럽혔다는 명목으로 구속 수사하라고 명했다.

정조는 이 사건을 명백한 복수 사건이라고 인식했다. 비록 최초 조사관들, 전라도 관찰사, 형조의 의견은 윤항의 살인이 원수를 갚은 것이라고 보기 어렵다고 했지만 정조는 이 사건의 경우에 법조문의 글자에만 매몰되어 판단해서는 안 된다고 보았다.

사건의 정황을 엄밀하게 본다면 복수가 성립되지 않지만, 정조가 보기엔 복수에 가까운 일이기 때문에 그 상황을 헤아려 부모님의 복수를 위해 살인한 것으로 봐야 한다는 것이었다.

정조는 그렇게 판단하여 윤항에 대해 사형을 면해주는 편이 올바른 법집행이라고 판단했다. 법률과 사람의 도리가 충돌할 때, 정조는 법률보다는 사람이 응당 행해야 할 도리를 헤아려서 판결을 내린 것이다.

다산이 말하다　복수라는 본래의 뜻에 따라 원수의 목숨을 빼앗으면 될 텐데, 더 이상 무엇을 원할 것이 있겠습니까?

이 사건을 판단하려면 먼저 윤항에 대해 논의해야 합니다. 향촌의 어리석은 백성은 선비건 양민이건 형사 사건에 관한 법률을 잘 알지 못합니다. 무엇을 다친 곳이라 하는지, 무엇을 실제 사인이라

하는지, 무엇을 주범이라고 하는지, 무엇을 종범이라고 하는지, 무엇을 보고기한이라고 하는지, 그들이 어찌 알겠습니까? 다만 아버지가 저 사람한테 죽었다는 사실을 듣고는 자식으로서 당연히 복수할 뿐입니다.

만약 윤침, 윤항 형제에게 조금이라도 법의 뜻을 알려주고 법대로 고발하게 하고 법전을 따라 법을 인용하게 했다면, 아버지의 죽음은 반드시 살인 사건으로 규정되었을 것입니다. 왜냐하면 원래 윤태서의 범행 중에 능욕한 일은 별 게 아니고 엄지손가락을 꺽은 것은 대수롭지 않은 일이고, 오직 신낭을 공격한 것이 윤태서의 주요한 범행 사실입니다.

윤덕규의 시신에서는 정말로 신낭이 부풀어 올랐다는 사실이 검시 결과 밝혀졌습니다. 윤침이 고발할 때 이 점을 부친의 실제 사인으로 제기했다면 검사관들이 어찌 불분명한 태도를 취했겠습니까?

팔다리나 뼈가 부러지거나 물려서 곪아 생긴 상처에 대해서 법조문은 보고기한을 늘려서 50일로 한다고 했고, 법전에서는 60일까지 늘려준다고 했습니다. 팔다리가 이 정도라면 신낭과 같은 중요한 신체 부위에 대해서는 어떻겠습니까? 이 점을 분명하게 제기했다면 반드시 살인 사건으로 성립되었을 것입니다.

검사 보고서를 여러 번 살펴보면 비록 이치에 맞는 듯하지만, 시신 검험서(檢驗書)를 자세히 살펴보면 사건의 진실을 놓친 것이

명백합니다. 애석한 일입니다! 전라도 관찰사가 형조에 올린 보고서나 형조에서 임금께 올린 보고서는 모두 끝내 이 은미한 지점을 발견해내지 못하고 보고한 것입니다.

윤침, 윤항 형제의 입장에서는 아버지가 죽고, 그 후에 충격을 받은 할아버지와 어머니가 모두 죽었습니다. 죽은 것이 모두 우연이라고 하더라도 옛 귀신(먼저 죽은 혼령)과 새 귀신(나중에 죽은 혼령)이 모두 원통해할 텐데 자식 된 마음으로 크나큰 비탄에 빠졌을 것입니다. 이에 지방 관리들은 사람의 이치를 살피고 정황을 따져봐야 도리일 텐데 한 마디 자애로운 말도 없고 경전의 말을 잘못 인용하기까지 하여 결국 임금의 격노를 받았으니 참으로 애석한 일입니다.

그렇더라도 윤항의 행위는 다시 생각해봐야 합니다. 복수란 '갚아준다'는 뜻입니다. 그 뜻에 따라 원수의 목숨을 빼앗음으로써 되갚기만 하면 될 텐데, 더 무엇을 원할 게 있겠습니까? 윤항이 윤언서의 배를 가르고 내장을 훼손한 행위는 너무나 흉악하고 잔인한 짓입니다. 국법을 찾아봐도 이 정도로 잔학한 범죄는 없습니다. 따라서 윤항이 행한 잔인함에 대해서는 따로 징벌을 내려야 합니다.

어린 나이에 친부를 잃은 정조의 역지사지

다채로운 이야깃거리를 가진 역동적인 사건이다. 조선은 적자와 서자의 차별을 명확히 두는 사회였다. 언제나 뒷전일 수밖에 없는 서자들이 양식 문제로 아버지와 다투다가 폭행을 저질렀다. 아버지는 38일 만에 죽고, 이에 대해 복수하기 위해 적자들이 서자 중에 한 명을 잔인하게 죽였다.

38일 만에 죽은 아버지는 보고기한이라는 법률상의 원칙으로 볼 때 폭행이 직접적인 원인이 되어 사망한 건 아닌 것으로 판정되었다. 따라서 결국 윤항은 원수를 갚으려고 죽인 게 아니라 이유 없이 살인한 일이 되고 말았다.

그런데 이 사건을 놓고, 법률에 적시된 원칙을 따르는 조사관들이나 형조의 관리들과 법률에 의하기보다는 자식으로서의 분통함과 억울함을 더 중요한 판단 근거로 보는 정조 임금이 대척점에 섰다. 정약용은 이 사건에 실제 개입하지는 못했지만 《흠흠신서》를 쓰면서 정조를 지지하는 논평을 했다.

철저하게 법률에 의거하여 형사 사건을 판결해야 하는 것은 당연하지만, 사건에는 정황이라는 것이 있고 법조문이 다 담지 못하는 한계점 또한 있다. 정조는 판결문에서 이렇게 적었다.

지방 관찰사의 직분은 검사관이나 법관과는 다르다. 법조문과 사람의 도리 양쪽 중에서 어느 한쪽에도 치우치면 안 된다.

법은 누구의 편인가? 이 물음에 정조는 이렇게 답한다. 정치 지도자라면 법에만 의존해서는 안 되고, 그렇다고 무조건 인정에 치우쳐서도 안 된다. 무조건 법대로만 집행하면 지도자가 편하고 책임을 피할 수는 있지만, 그러면 사건 당사자들이 마음으로 납득하지 않을 수 있고 끝내 억울한 백성이 나올 수 있다.

반면에 정상을 참작하고 인정을 살피는 쪽으로 가면 자칫 자의적이고 독단적인 판결을 내리기가 쉬우며 불공정하다는 비판도 들을 수 있다. 그렇기에 살인 사건의 판결은 이 둘을 동시에 고려하면서도 한쪽으로 치우쳐서는 안 된다.

다산은 이 사건을 바라보는 정조의 고뇌를 알아보았고, 이런 뜻을 미리 알아채지 못한 여러 벼슬아치들을 통렬히 비판했다. 정조는 11세에 친부를 잃었다. 할아버지 영조에 의해 뒤주에 갇혀 9일 만에 사망한 사도세자가 바로 정조의 아버지다. 어린 나이에 아버지를 잃은 슬픔을 겪었기에, 정조는 이번 사건에서도 아버지의 복수를 했다고 주장하는 백성의 마음을 더 잘 이해한 것으로 보인다.

사람을
업신여긴 죄

황해도 재령(載寧)에 사는 이경휘는 같은 마을에 사는 최 씨 부인에게는 오촌 조카뻘인 친척이었다. 어느 날 최 씨 부인이 이경휘의 논에 떨어진 이삭을 주워갔는데, 이경휘는 최 씨 부인을 도둑이라고 몰아세우며 관아에 신고하여 감옥에 넣으려고 했다.

그렇지 않아도 집안끼리 원한이 있어 최 씨 부인의 가족들이 이경휘를 피하던 차에 배를 곯는 아이들에게 주려고 이삭을 조금 주었을 뿐인데 도둑이라니, 최 씨 부인은 그의 잔혹한 성미를 잘 아는지라 정신이 나가다시피 했다. 최 씨 부인은 그 길로 집으로 달려가 아들딸을 비롯해서 전부 합해서 일곱 명이나 되는 식솔들을 들쳐 업거나 손을 잡아 끌고 데리고 나가 물가에 이르러서는 서로의 신체를 새끼줄로 단단히 묶고 물에 뛰어들었다.

이경휘는 이러한 전대미문의 사건의 주범으로 지목되었고, 그가 협박과 위협을 가해 친족들을 물에 빠져 죽게 했다고 상부에 보고되었다. 해당 지방관과 형조, 나아가 정조 임금은 그에게 최대한 강한 처벌을 내리기 위해 당장 감옥에 가두고 엄히 조사하기 시작했다.

* * *

정조 임금은 경향(京鄕 서울과 시골을 아우르는 말) 각지에서 친족 간의 크고 작은 분쟁으로 인해 인명을 잃는 일이 잦다는 사실은 익히 알고 있었지만, 일곱 명이나 되는 일가족이 한꺼번에 죽음에 이르게 된 일에 크게 분개하면서 협박을 가한 이경휘에게 무거운 처벌을 내리라고 엄명했다.

떨어져 있는 이삭은 애초에 남들이 주워가도록 하려는 뜻인데, 최 씨 부인은 신발이 벗겨지고 옷고름이 풀린 채로 강물에 몸을 던져 귀신이 되고 말았다. 어미와 아들, 형제, 조카들이 서로를 이끌고 물에 뛰어들어 일곱 명이나 한꺼번에 죽었다. 예로부터 살인 사건을 비롯해서 엄청나게 많은 옥사가 있어왔지만 이렇게 잔인하고 악독하고 가련한 경우가 또 있겠는가! 이경휘가 비록 직접 칼로 찔러 죽인 것은 아니지만 좀도둑의 누명을 뒤집어씌워 심하게 위협하여 끝내 죽게 만들었다. 어찌 이런 자가 위협하고 핍박한 죄목을 피할 수 있겠는가! 하물며 한 집안 친족끼리 싸우는 변고가 있었으니 정치를 통해 바른 풍속과 교화를 펼치려는 조정이 이 사건을 어찌 평범하게 그냥 지나칠 수 있겠는가! 각별히 이경휘에게 엄중한 형벌을 판결하여 법을 바르게 집행하도록 하라. 이 뜻을 지방의 수령에게 엄하게 전하라!

다산이 말하다　　사람을 업신여긴 죄는 있으나 살인한 죄는 없고, 살인한 죄가 있다 해도 일곱 명을 함께 죽인 죄는 없습니다.

형사 사건에 대한 판결은 세상에서 가장 공정하게 해야 하는 일입니다. 비록 신체의 어느 곳 하나 다친 데가 없더라도 정황으로 볼 때 범행이 지극히 흉악하면 당연히 살인 행위로 판단해야 합니다. 반면에 비록 열 사람이 동시에 죽었다 하더라도 그 정황으로 볼 때 범행이 가볍다면 의당 사형을 면해주어야 합니다.

이렇듯이 단지 죄의 경중을 논할 뿐이지 어찌 사망자가 많고 적음을 따진단 말입니까? 최 씨 부인의 가족 일곱 명이 일시에 강물에 몸을 던져 죽었으니 이 사건을 들은 사람들은 하나같이 놀랐겠지만, 그렇다고 해도 최 씨 부인의 일은 잠시 한쪽에 두고 오직 이경휘의 범행에만 집중하여 조사해야 합니다.

그가 협박을 가해 죽음에 이르도록 하려는 의도가 있었는지, 이 사건에서 최 씨 부인의 가족 일곱 명이 자살할 수밖에 없는 필연성이 있었는지, 그 정황이 일곱 명을 피치 못하게 동시에 죽을 수밖에 없게 했는지를 따져봐야 합니다. 그런 연후에야 비로소 이경휘가 협박하여 사람을 죽인 것이 되고, 또한 일곱 명이나 협박하여 죽게 만든 사람이 되는 것입니다.

만약에 이경휘가 범한 행위 자체가 다른 사람이 분노나 원한을 품게 할 만한 일일지언정 반드시 죽게 할 만하거나 치욕스럽게 할 만하거나 두려워할 만한 것이 아니라면 이경휘가 죽게 할 만한 일은 아닙니다. 만에 하나 죽게 할 만한 일이었다고 해도 일곱 명이 모두 함께 죽게 할 만한 일은 아닙니다.

그렇다면 이경휘는 사람을 업신여기고 협박한 죄는 있으나 사람을 죽인 죄는 없습니다. 만에 하나 사람을 죽인 죄가 있다 하더라도 일곱 명을 함께 죽인 죄는 없습니다. 따라서 이경휘에게 일곱 명이 목숨을 잃은 일을 책임지우는 것은 도리어 이경휘에게 억울한 일이 되는 것입니다.

사건 정황에 대한 조사 보고와 검시 보고, 황해도의 장계(狀啓 지방 수령이 관하의 중요한 일을 임금에게 보고하는 문서)와 형조의 보고가 모두 일곱 명이 함께 죽은 사실에 크게 놀란 나머지 지나치게 무거운 죄목으로 그를 처벌하고자 했습니다. 그리하여 임금의 판결 또한 여러 논의에 영향을 받아 극형에 처하는 쪽으로 윤허를 하셨습니다. 신의 의견은 그렇지 않습니다. 제가 사법 기관에 재직하고 있었다면 반드시 다른 처벌을 건의했을 것입니다.

죽은 자의 생명에 대한 책임을 물어야 한다

정조 임금은 사건이 발생한 재령 지역의 조사관과 형조의 보고에 따라 이경휘에 대해 일곱 명의 가족을 죽음으로 몰고 간 죄를 엄히 물었다. 반면에 다산은 이경휘의 행위 자체가 사람을 죽음으로 몰고 가기에 충분치 않을뿐더러 더군다나 일곱 명을 동시에 죽게 만들 만한 행위로는 보지 않았다.

현대인의 시각으로 보면 다산의 견해가 더 합리적인 것 같은데, 정조 임금은 왜 그런 판결을 내렸을까? 조선의 형사 사건에서 살인 행위에 대해서는 행위의 장본인이 반드시 죽음에 대한 책임을 져야만 했다. 죽은 자의 생명에 대해 책임을 지우는 것이 그 시대에 살인 사건을 다루는 원칙이었던 것이다.

따라서 정조는 이 사건에서 누군가는 책임을 지고 자기의 목숨으로 갚아야만 한다고 보았다. 요컨대 정조는 인명 피해의 양에 근거를 두고 판결을 내린 것이고, 다산은 용의자의 행위와 결과 사이의 연관성에 근거를 두고 판단한 것이다.

살인보다
더 악랄한 죄

평안도 강계(江界)에 사는 이종대가 자기 집의 여종과 간통을 하다가 뒤늦게 이들의 관계를 알아차린 본처 전 씨 부인과 심하게 다투었다. 이때 이종대의 아버지가 며느리의 악다구니를 꾸짖으며 싸움에 끼어들었고, 두 사람의 무지막지한 폭행 끝에 전 씨 부인이 그 자리에서 숨지고 말았다.

이에 이종대 부자는 시신을 연못으로 끌고 가서 목에 줄을 매어 물에 던지고는 자살한 것으로 위장했다. 하지만 얼마 뒤에 마을에 그들의 악행에 대한 소문이 파다하게 퍼졌고, 모든 것이 지방 관청의 조사를 통해 낱낱이 밝혀졌다.

시신을 물에서 건져 올렸을 때는 이미 죽은 지 보름이나 지난 까닭에 온몸이 썩어 문드러져 있었지만 여러 군데 폭행당한 흔적이 발견됨으로써 자살이 아니라는 사실이 분명해졌다.

검시관이 보니 명치에 한 곳, 갈빗대 위의 한 곳에 피가 딱딱하게 뭉쳐 있고 뒤통수에도 폭행당한 흔적이 남아 있었는데 머리카락이 뭉텅이로 떨어져 나갔을 정도로 폭행 흔적이 넓고 깊었다. 검시관은 이 같은 상처 부위들이 전부 급소에 해당하는 곳이어서 이곳을 집중적으로 얻어맞다가 급사한 것을 알 수 있었다.

《무원록》에 따르면 익사자는 물에 빠진 당일에는 수면 아래에 잠겨 있다가 다음 날 수면 위로 떠오르는데 이때 손톱에 진흙이 끼고 배가 부풀어 오른다고 했다. 살아 있는 채로 물에 빠지면 어떻게든 빠져 나오려고 발버둥을 치게 되고, 그 과정에서 연못의 밑바닥을 긁으며 물을 들이키게 되기 때문이다.

그런데 전 씨 부인은 물에 빠진 지 한 시간도 안 되어 수면 위로 떠올랐고 손톱에 진흙이 끼지도 않았다. 이는 숨진 뒤에 물에 던져졌다는 명백한 증거였다.

* * *

남편이 외도하다 본처에게 발각되고, 아내가 이 문제를 놓고 심하게 따지자 남편과 시아버지가 합세해서 죽음에 이를 정도로 때려

죽이고는 자살한 것처럼 조작한 사건이다.

그런데 당시의 법은 시아버지가 며느리를 죽이면 유배형에 처하지만 남편이 아내를 죽이면 원칙적으로 사형에 처하는 게 관례였다. 집안의 최고 어른인 시아버지에게 대드는 며느리는 상상도 할 수 없던 시대이므로 시아버지가 다툼 끝에 며느리를 죽인다면 살인 행위보다는 어른에게 대든 불경(不敬)의 죄를 더 크게 물었다는 뜻이다.

이 같은 사실을 알고 있는 그들은 남편에게 함부로 대하는 며느리를 시아버지가 꾸짖었는데 며느리가 대드는 등 못된 행동을 해서 시아버지가 폭행을 가했고, 남편이 여기에 가담했다는 식으로 역할을 바꿔 진술했던 것이다.

그들은 이런 음모가 통하지 않자 세 차례나 주범을 바꿔 진술하는 등 어떻게든 빠져나갈 궁리를 했다. 하지만 엄중한 문초 끝에 이종대가 먼저 아내를 발로 수차례 걸어찼으며 아버지도 뒤따라 거들었다고 이실직고를 했다.

그럼에도 이종대는 자신의 폭행으로 인해 아내가 죽었다는 사실만큼은 끝끝내 부인하면서, 아내가 분을 못 이겨 스스로 물에 빠져 죽은 것이라는 주장을 굽히지 않았다. 이종대의 비겁한 태도에 분노한 정조는 그를 더욱 엄하게 형장을 쳐서 끝내 자백을 받아내라고 분부했다.

다산이 말하다　　이것은 임금께서 죄인의 성정이 정직하지 않을뿐더러 몹시 잔인하기에 용서하지 않으신 것입니다.

이제까지 아내를 죽인 사건에서 임금께서는 대부분 살려주는 판결을 내리셨지만 이번만큼은 엄중하게 처벌하라고 분부하셨습니다.

그러한 까닭은 아내를 살해한 뒤에 연못에 빠뜨리는 등 자살로 위장한 행위를 매우 좋지 않게 본 것입니다. 이종대의 성정이 정직하지 않을뿐더러 몹시 잔인하기에 임금께서 용서하지 않으신 것입니다.

범죄자의 교활함을 응징하는 판결을 내리다

이 사건은 물에 빠진 시체를 건져내어 검시를 통해 진실을 파헤친 사례로, 죽은 지 보름이나 지나 몹시 부패했는데도 치밀한 검시를 통해 폭행당한 흔적을 찾아냈다.

또한 당시의 법의학적 지식을 총동원하여 며느리가 이미 사망한 상태에서 연못에 던져졌음을 밝혀냈다. 최신 법의학의 관점에서는 다소 원시적인 조사 방법으로 보일지 몰라도 죽은 여인이 어떻게 사망에 이르게 되었는지에 대해 명쾌한 해답을 제시하고 있어 눈길을 끈다.

조선의 법체계에서 남편이 이유 없이 아내를 죽이면 원칙적으로 사형에 처한다고 규정되어 있었지만, 정조 임금은 대부분 정상을 참작하여 사형을 면해주고 유배형을 내려 목숨을 살려주었다.

그러나 이번 경우는 달랐다. 살인 사실을 은폐하기 위해 자살로 조작하는 과정에서 이미 숨을 거둔 아내의 목에 줄을 매어 물에 빠뜨렸다. 그리고서도 아내가 분을 못 이겨 스스로 물에 빠져 죽은 것이라고 고집하면서 어떻게든 면탈하려고 했다. 정조는 이러한 비인간적인 행위를 살인 그 자체보다 더 악랄하게 보고 용서하지 않았던 것이다.

04

아들을 죽인
아버지의 변명

이감정이라는 자가 아들 이공원을 살해한 사건이 발생했다. 그런데 이감정이 현장에 같이 있던 김처원이라는 사내를 용의자로 지목하는 바람에 무고한 사람이 4년 동안이나 감옥에 갇히고 말았다.

김처원은 이감정이 아들을 죽일 때 옆에 있기는 했지만 그건 전적으로 그들 부자간의 불화로 인해 벌어진 일일뿐 자신은 죄가 없다고 호소했지만, 관아에서는 차마 아버지가 아들을 찔러 죽였을 거라고는 의심하지 않았기에 이감정의 말을 신뢰했다.

아들 이공원은 술을 무척 좋아했는데, 그러느라 가산을 모조리 탕진했다고 한다. 어느 날 아버지가 아들을 꾸짖다가 감정이 너무

격앙되어 우발적으로 아들을 죽였던 것이다. 그런데 사실은 김처원이 이감정의 밭을 빼앗으려는 목적으로 오래전부터 부자지간을 이간질하며 그의 분노를 부추겨왔음이 나중에 밝혀졌다.

* * *

애당초 이 사건에서는 살인 용의자로 김처원이 지목되었고, 그는 4년간이나 옥에 갇혀 있었다. 하지만 의심스러운 정황이 포착되었기에 사건은 재조사에 들어갔다. 일차적인 의심은 설령 김처원이 범인이라 할지라도 다른 사람이 자기 아들을 칼로 찔러 죽이는 광경을 목격한 아버지가 왜 복수하지 않고 서둘러 집으로 돌아갔는지 납득되지 않는다는 점이었다.

그리하여 엄중한 재조사 끝에 이감정의 자백을 받아내게 되었다. 그 뒤 정조는 이감정이 자식을 죽인 행위는 극형에 처하는 게 맞지만 자식을 꾸짖을 의도였지 애초부터 죽일 마음은 없었다고 보고 사형을 면해주고 유배를 보냈다.

한편 김처원은 4년 동안이나 억울하게 누명을 쓰고 옥에 갇혀 있었지만 이감정의 화를 격발시키고 남의 밭을 빼앗으려는 흉계를 꾸몄다는 점을 참고하여 이에 적절한 처벌을 내린 후에 석방하라고 명했다.

다산이 말하다　　자식을 죽인 죄는 오히려 작고, 다른 사람을 허위로 고발한 죄가 더 큽니다. 전자는 우발적이나 후자는 고의적이기 때문입니다.

저의 의견은 이렇습니다. 김처원의 경우 억울함을 풀 길 없이 4년 동안이나 옥에 갇혀 있었는데, 임금께서 만리(萬里)를 훤히 꿰뚫어보시고 마침내 숨겨졌던 진실을 모두 드러내셨습니다. 그렇게 억울한 일을 풀어주셨으니 성은이 망극합니다.

　제 생각에 이감정이 자식을 죽인 죄는 도리어 작고, 사람을 허위로 고발한 죄가 더 크다고 봅니다. 자식을 찔러 죽인 것은 우발적인 일이지만 사람을 끌어들여 억지로 꾸미고 속여서 이익을 취한 것은 고의적인 범죄이기 때문입니다.

　검관(檢官 시체를 검사하는 관원)이 사건을 잘못 판결한 경우에는 엄중한 조사를 받습니다. 그러다 보니 관찰사와 형조는 살인 사건의 진범이 뒤집히면 검관이 법에 저촉되고, 급기야 본인들에게도 책임이 돌아오는 일이기에 일부러 진상을 숨기는 경우가 있습니다.

　이는 미천한 사람을 살리면 높은 사람이 도리어 다칠 수 있기 때문에 곧잘 일어나는 일인데, 하지만 임금께서는 비록 살인 사건의 진상이 뒤집혀 범인이 바뀌었더라도 검관을 처벌하지 않았습니다. 이는 임금의 지극한 덕이요, 백성을 측은하게 보는 마음입니다. 그 큰 은덕을 어찌 잊을 수 있겠습니까!

가벼운 죄라도 고의적이면 더 엄하게 벌한다

술에 빠져서 재산을 탕진한 아들에게 화를 내다가 우발적으로 살인을 저지른 아버지가 현장에 함께 있던 김처원을 범인으로 몰았다. 조사관은 아버지가 아들을 죽일 리 없다는 편견을 가지고 김처원을 감옥에 가두고 죄를 물으려고 했다.

하지만 정조는 사건의 전말을 훑어보다 석연치 않은 사실을 발견하고 재조사를 지시하여 사건의 전모를 밝혀냈다. 나라의 최고 지도자인 국왕이자 사법권의 정점에 있는 임금의 혜안을 볼 수 있는 사례다.

주목할 만한 것은 다산의 논평이다. 다산은 이감정이 자식을 죽인 죄는 오히려 작고, 다른 사람을 허위로 고발한 죄가 더 크다고 일갈한다. 전자는 우발적인 것이지만 후자는 다분히 고의적이기 때문이다.

이는 범행 자체의 경중보다 범행을 저지른 자의 의도를 더 중요한 판단 근거로 보는 것으로, 보통은 살인죄를 무고죄보다 더 무겁고 큰 죄로 보지만 그것이 우연적인 것이냐 고의적인 것이냐에 따라 다르게 평가할 수 있다는 뜻이다. 다산의 이 같은 태도는 조선시대에는 경우에 따라 가벼운 죄라도 고의적인 범행이라면 우연적으로 발행한 중범죄보다 더 강하게 처벌했었다는 사실을 함의한다.

패륜아의 화해법,
그리고 은밀한 거래

경상도 순흥(順興 경상도 영주의 옛 지명)에 사는 치걸이란 자는 어느 집의 머슴이었는데, 동네 사람 김후선과 치고받고 싸우다가 그를 죽게 했다. 그러자 김후선의 아들 김암회는 아버지가 목매어 죽었다고 가장하여 재빨리 매장하고는 치걸과 사사로이 합의를 하겠다며 금품을 요구했다.

이에 치걸은 그가 요구하는 대로 평생 뼈가 빠지도록 일해서 번 돈을 갖다 바치고 겨우 처벌을 면했다. 그런데 웬걸, 김암회가 무려 14년이 지난 뒤에 다시 찾아와 금품을 요구했다. 이에 치걸이 응하지 않자 김암회는 당장 관아로 달려가 치걸이 아버지를 죽인 살인자라고 고발했다.

* * *

정조 임금은 치걸은 사형을 감면하여 특별히 가벼운 쪽으로 처리하여 먼 곳에 귀양을 보내라 명하고, 오히려 김암회는 저지른 죄악이 윤리에 크게 어긋나며 흉악하고 교활하기에 엄한 형벌로 처벌하라고 분부했다.

다산이 말하다　　아버지를 제 손으로 직접 살해한 것이나 다름이 없으니 엄히 다스려 나라의 기강을 바로잡아야 합니다.

조사 내용에 따르면, 김암회는 아버지의 원수와 사사로이 화해하고 아버지의 시신에 목을 맨 모양으로 조작했습니다. 이는 아버지를 제 손으로 직접 살해한 것이나 다름이 없습니다. 또한 이는 재물에 눈이 어두워 아버지의 시신을 돈과 바꾼 것이고, 그것도 모자라 14년이 지난 후에 다시 재물을 요구하다가 받지 못하자 고발한 것입니다.

　초검과 재검에서는 모두 치걸에게만 중점을 두고 조사하고, 김암회에 대해서는 제대로 조사하지 않았습니다. 이는 지나치게 격식에 얽매어 융통성을 발휘하지 못한 것입니다.

법에는 사사로이 화해한 일에 대한 처벌의 조문이 있고, 남에게 죄를 뒤집어씌운 일에 대한 처벌의 조문도 있습니다. 김암회는 이 두 가지 죄목에 모두 해당하는데, 특히 그에게는 시역(弑逆 부모나 임금을 죽임)의 죄를 물어 엄히 다스려야만 나라의 윤리와 기강을 바로잡을 수 있습니다.

패륜아에게 분노한 정약용, 엄벌을 요청하다

다산과 정조 모두 이 사건에서 주목한 인물은 실제 살인범이 아니라 그와 사적으로 화해하고 금품을 요구한 아들 김암회. 다산은 이 사건에서 아버지의 시신을 훼손하고 사건을 왜곡한 다음, 그 대가로 아버지를 죽인 원수에게 돈을 요구한 패륜아에게 큰 분노를 보인다.

그래서 다산은 실제 살인은 치걸이 저질렀지만 사건을 은폐 조작하고 사적으로 금전을 요구한 자식이 오히려 살인자에 가깝다고 보았다. 따라서 김암회에게는 사적으로 화해한 일과 무고의 죄만을 물을 게 아니라 추가적으로 아버지를 살해한 죄를 물어야 한다는 것이 다산의 생각이었다.

그러나 정조는 두 사람 모두에게 실제로 사형을 내리지는 않고 김암회의 흉악하고 교활한 점을 들어 엄하게 형을 집행하라고만 분부했다. 정조의 최종 판단에 따라 실제 살인범이면서 14년 동안 피해자의 아들로부터 집요하게 금품을 요구받아온 치걸은 먼 곳으로 유배를 떠나고, 김암회는 사적으로 화해한 일과 무고에 대한 죄목만을 받았다.

기울어진 운동장의
여인들

경기도 개성에 사는 서인행은 결혼한 지 20여 년이 지나도록 부부 사이에 정이 두터워 조금도 다투는 일이 없었다. 다만 아내가 시댁 식구들과 사이가 좋지 못한 것이 문제였는데, 그녀에 대한 모함과 험담이 그치지 않아 하루도 조용할 날이 없었다.

서인행의 형수인 주 씨 부인은 서인행의 아내인 이 씨 부인이 담배를 피우고 책을 본다며 거짓으로 모함하고, 숙모 최 씨 부인은 그녀가 입만 열면 시어머니를 헐뜯는다며 없는 말을 지어내는 등 집안에 불화와 갈등이 그치지 않았다.

어느 날, 서인행이 장사를 위해 배를 타고 먼 길을 떠났다가 열

달이 지난 후에 돌아왔는데 아내가 대문 밖으로 달려 나와 마중을 하기는커녕 얼굴만 슬쩍 비치고 부엌으로 들어가 대성통곡을 했다. 그동안 시댁 식구들한테 당한 설움을 남편이 알아줬으면 하는 마음이었을 테지만 이것이 비극의 시작이 될 줄이야!

이때 서인행의 어머니는 아들에게 며느리가 잘못하는 점을 고래고래 소리쳐 말하고, 뒤따라 형수와 숙모도 이런저런 일들을 고해바치면서 이 씨 부인이 집안일도 돕지 않으면서 먹는 것은 돼지같이 많이 먹는다며 아무 짝에도 쓸모없다고 비난했다.

서인행은 이번의 장삿길이 뜻대로 되지 않은데다 자신이 없는 사이에 집안 꼴이 엉망이 된 사실에 화가 치밀어 다짜고짜 식칼을 뽑아들고 아내를 겁주며 꾸짖었다. 그러자 아내는 너무 억울한 나머지 차라리 죽이라면서 발악을 하며 덤벼들었다.

그런데 그때였다. 함께 일하는 인부가 달려와 서인행의 배가 파선했다는 소식을 전했다. 감정이 격해진 서인행은 아내를 꼼짝 못하도록 단단히 결박하고는 손과 발로 마구 폭행했다. 그러다 정신을 차린 서인행은 결박을 풀고 아내를 방으로 들여보냈는데, 그녀는 분한 마음에 스스로를 때리며 벽에 머리를 찧는 등 난폭하게 자해 행위를 하며 울부짖었다. 아내는 다음날 죽고 말았다.

* * *

정조 임금은 아내를 윽박질러 죽음에 이르게 한 서인행의 죄를 감해주고 유배형으로 판결을 내렸다. 서인행이 조사를 받을 때 묻는 대로 고분고분 대답하는 등 살아남기 위해 계책을 쓰지 않는 태도가 참작되었다.

다산이 말하다　　영조 임금 때 부부싸움 끝에 아내를 죽인 사내에게 고의가 아니라는 판단하에 석방한 일이 있습니다.

아내를 죽인 경우 처벌하는 법에는 세 가지 등급이 있습니다.

첫째는 아내가 간통을 했고 이를 현장에서 목격하여 찔러 죽인 경우로, 이럴 때는 죄를 묻지 않습니다.

둘째는 아내가 시부모에게 순종하지 않아서 때려죽인 경우로, 이럴 때는 형장 100대를 때립니다.

셋째는 어떤 일로 인해 부부간에 싸우다가 죽인 경우로, 이때는 살인죄로써 사형에 처합니다.

하지만 영조 임금 때 부부싸움 끝에 아내를 죽인 사건에서 정황을 살펴보고 고의가 아니었다는 판단하에 사형을 면해주고 석방한 일이 있습니다.

성평등의 관점에서 몹시 불리했던 여성들

조선시대에 부부지간의 살인 사건 중에서 가장 흔한 일은 배우자의 불륜으로 인한 죽음이었다. 그 다음이 위의 사례처럼 고부 관계의 악화가 죽음으로 이어지는 경우였다.

현대 사회에도 존재하는 고부 갈등은 조선시대에 심하면 심했지 덜하지 않았다. 대가족이 한집에 사는 상황에서 시어머니의 위상이 그만큼 높았기 때문이다. 여기다 남존여비 사상이라는 사회적 분위기가 더해져서 시댁 식구들과 원만한 관계를 유지하지 못한 며느리들은 심신이 피폐해지는 고통을 겪다가 죽음에 이르게 되는 경우가 아주 많았다.

다산이 말하는 아내를 죽인 경우 처벌하는 세 가지 등급은 '성평등'이라는 관점에서 보면 한쪽으로 크게 기울어져 있음을 알 수 있다. 사법권의 수장인 국왕의 판결 역시 아내를 살해한 남편을 용서하는 경우가 흔했는데, 그만큼 조선의 사법 체계 안에서 여성들은 '기울어진 운동장'이라는 말 그대로 몹시 불리한 위치에 있었다.

07

불효한 아내를
죽인 남편

경상도 안동에 사는 김험상과 그의 아내 김명단은 신혼부부였지만 사이가 좋지 않았다. 김험상은 아내가 손재주가 부족한데다 시부모한테 못되게 굴 때가 많아 불만이 많았고, 아내는 남편이 너무 일방적으로 복종을 요구한다며 불평을 일삼았다.

어느 날, 아내가 삼끈을 제대로 삶지 못하자 남편이 벼락같이 화를 내며 끓는 잿물을 아내의 머리에 덮어씌웠다. 물건을 묶는 데 쓰는 삼끈은 대단히 질긴데, 잿물에 삶으면 색깔이 하얗게 변하기 때문에 일반 가정에서 흔하게 제작되었다. 우리나라 고유의 세탁제인 잿물은 콩깍지나 짚 등을 태워 그 재를 우려낸 물로, 성분이 알칼리성이기 때문에 옷의 때나 기름기를 빼는 데 사용되었다.

아내 김명단은 평소에 시아버지에게 욕을 하며 대들거나 남편에게도 순종하지 않는 등 한 마디로 집안의 골칫거리였다. 김험상은 그동안 아내의 행실에 앙심을 품고 있다가 잿물을 덮어씌우는 것도 모자라 무지막지하게 때렸다. 김명단은 이튿날 헛간에서 목을 매어 죽은 채로 발견되었다.

경상도 관아에서 조사한 바로는 부부가 심하게 언쟁하고 난 뒤에 아내가 분을 이기지 못하고 스스로 목을 매어 자살한 것으로 보았다. 김험상을 비롯한 가족들, 그리고 이웃 사람들도 대체로 같은 의견이어서 관찰사는 이런 의견을 모아 조정에 올렸다.

하지만 형조에서는 다른 의견을 냈다. 검시 결과 뒤통수에서 큼지막한 멍 자국이 발견되었는데, 이 상처가 치명상이 되어 여인이 죽었으며 그 뒤에 누군가 목을 졸라 자살로 위장한 것이라 판단했다. 형조는 이런 보고서를 작성하여 임금께 올렸다.

* * *

정조 임금은 남편의 입장에서 볼 때 시부모를 비방하고 남편에게 순종하지 않는 아내의 태도에 분한 마음이 있었을 것으로 판단하고, 설사 남편이 아내를 죽였을지라도 그 죄에 대해 정상을 참작하여 사형을 면해주라고 명령했다.

다산이 말하다　　영조 임금께서는 불효한 며느리 때문에 남
편을 벌한다면 어찌 올바른 왕정이겠냐고
하셨습니다.

이 사건으로 남편 김혐상은 장형 100대를 맞는 벌을 받았습니다.
이 문제는 《국조보감(國朝寶鑑)》[2]에 실린 '복도함(卜道咸) 사건'을
인용할 수 있습니다.

영조 33년(1757)에 임금께서 사형수들을 심리할 때, 죄인 복도
함에 대해 사형의 죄를 낮추어 정배(定配 장소를 정하여 죄인을 유배
시킴)하라고 명하였습니다.

함경도 백성 복도함은 아내가 계모에게 순종하지 않자 폭행하
다 죽게 했는데, 스스로 목을 매어 죽었다고 핑계를 댔습니다. 이
에 영조 임금께서는 복도함의 죄를 사형에서 유배형으로 감형해
주면서 이렇게 명하셨습니다.

아들이 계모를 위해 아내를 때리다 죽게 했고, 계모가 아들을 위해 그
흔적을 없앴다. 불효한 며느리 때문에 남편의 목숨을 빼앗는다면 어찌
올바른 왕정이라 하겠는가. 특별히 형벌을 줄여주도록 하라.

---

2. 조선시대 역대 왕의 업적 가운데 선정만을 모아 후대 왕들에게 교훈이 되도록
편찬한 책.

유교적 가치가 압도하던 세상에서 일어난 사건

예로부터 동방예의지국이라 불리는 조선에서, 그중에서도 선비의 고장이라는 안동에서 부부 살인 사건이 일어난 것은 놀라운 일이 아닐 수 없다. 게다가 며느리가 시아버지에 욕설을 해서 남편이 홧김에 폭행을 했다고 한다.

그것이 실제 사실인지, 아니면 사형을 면하기 위한 남편의 변명인지는 몰라도 유교적 가치가 세상을 압도하던 조선 사회에서도 이런 일이 왕왕 일어났음을 미루어 짐작하게 된다.

《흠흠신서》를 보면 정조가 사형죄를 범한 사건에 대해 거의 대부분 감형이나 석방을 해주는 것을 볼 수 있다. 이토록 관대한 형벌 적용은 특히 정조 대에 와서 두드러진 특징이다. 조선 초기만 해도 잔인한 형벌이 많았고 형벌도 법에 따라 엄격하게 적용되었다. 조선의 건국 초기인 15세기에는 사형죄를 지은 사건의 경우 97%가 사형을 받은 반면 정조 때에는 오직 3%만 사형을 받았다.

정조는 어째서 이토록 관대한 형벌을 고수했을까? 정조는 폭력적이고 위협적인 처벌이 사회 질서를 유지하고 범죄를 예방하는 데에 오히려 효율적이지 않다고 보았던 것 같다. 그보다는 관용을 베풀어서 국왕에 대한 경외심과 복종을 끌어내고 이를 토대로 사회적 갈등을 줄이고 범죄인들을 사회 내로 포용하려고 했던 것으로 해석할 수 있다.

2장

나라에 법이 있다면 어찌 이럴 수 있겠는가?

08

나라에 법이 있다면
어찌 이럴 수 있겠는가?

옥졸(獄卒) 최악재가 새로 들어온 죄수 박해득에게 예전(例錢 관례대로 주고받는 뇌물)을 요구했는데 도통 말을 듣지 않았다. 새로 들어온 죄수들에게 뇌물을 받아 재산을 축적하는 것이 관행이던 시대에 박해득의 태도는 용서할 수 없는 일이었다.

단단히 화가 난 최악재는 고참 죄수인 이종봉을 시켜 박해득을 흠씬 두들겨 패라고 시켰다. 이종봉 일당에게 결박을 당한 채 무방비 상태로 얻어맞은 박해득은 그렇게 22일이나 시달리다가 그만 숨을 거두고 말았다.

사건의 전말은 이러했다. 이종봉은 가(枷 죄수의 목에 채우는 나무로 만든 형구)의 끝을 박해득의 두 발등에 세우고, 새끼줄로 두 다리를 꽁꽁 묶었다. 이로써 박해득은 머리부터 발까지 꼿꼿하게 결박되어 있어 앞으로 굽힐 수도, 뒤로 펼 수도 없었다.

그런 상태로 며칠째 얻어맞던 박해득은 어느 날 썩은 나무처럼 쓰러지면서 담벼락에 머리를 부딪치고 말았다. 이때 왼쪽 턱이 형틀의 모서리에 부딪쳐 살이 터지고 피가 흘렀는데, 최악재는 박해득의 상처가 회복되길 기다리며 차일피일 판결을 미루던 중에 그만 사망하고 말았다.

형틀에 묶인 채 머리가 담벼락에 부딪친 것이 직접적인 원인으로 판단되는데, 최악재가 밖에서 지시하고 이종봉이 안에서 시키는 대로 한 것이라는 정황도 금세 밝혀졌다.

최악재는 몹시 억세고 흉악한 놈으로 온갖 방법으로 죄수들에게 돈을 뜯어내고, 걸핏하면 몽둥이를 휘둘러대는 무뢰배였다. 이종봉은 죄수의 몸인지라 그의 목숨은 최악재에게 달린 것이나 다름없었다. 게다가 이종봉은 죄인장무(罪人掌務 죄인 중에 반장 역할을 하는 사람)를 맡고 있었기에 옥졸의 명령을 어길 수도 없었다.

박해득의 시신을 부검해보니 턱 왼쪽의 살갗이 두 곳이나 심하게 째지고 터져 있었다. 한 곳은 가로 1촌 6푼(약 5cm), 너비 6푼(약 1.8cm), 깊이는 3푼(약 0.9cm)으로 턱뼈가 그대로 드러날 정도였다.

또 다른 상처는 가로 6푼, 너비 4푼으로, 빛깔은 가장자리가 검푸르고 멍이 든 주위는 약간 딱딱했으며 아래위 다친 구멍은 말라 붙은 채로 움푹 떨어져 나가 있었다. 폭행을 당할 때 사용된 형틀을 살펴보니 목이 나오는 구멍 왼쪽이 꺾여 부서졌고 위에는 피가 잔뜩 말라붙어 있었다.

* * *

오늘날의 교도관에 해당하는 관원이 이미 감옥에 들어와 있던 죄수를 사주하여 새로 들어온 죄수를 폭행 치사에 이르게 한 사건이다. 이 사건을 접하고, 정조 임금은 크게 분개했다. 정조가 분노한 것은 죄수를 잘 다스려야 할 관원이 죄수한테 사적으로 금품을 요구한 비리 행위가 첫째요, 죄수들 사이에 권력층을 형성하여 우두머리를 '장무'라 일컬으며 다른 죄수들을 괴롭힌 일이 둘째였다.

정조는 이 사건의 경우 사주한 관원이나 사주를 받고 악독한 폭행을 저지른 죄수 모두에게 죄가 있으니 주범과 종범을 가릴 필요조차 없다고 생각했다. 정조는 여기서 그치지 않고, 이런 행위를 제대로 관리 감독할 의무가 있는 지방 수령과 조사관들을 모조리 처벌하라고 말했다. 그리고 차제에 앞으로 감옥에서 일어나는 악행이나 비리를 철저히 근절하라는 분부를 내렸다. 다음은 정조의 명령이다.

이 사건을 계기로 서울과 지방에 엄히 단속할 것이 있다. 중국 송나라 때 억울한 죄인이 있지 않나 살피는 고사가 있는 바, 이를 참고하여 크고 작은 형틀을 세척하고 옷과 약품을 충분히 공급하도록 하라. 또한 죄수에게 모욕과 학대를 가하는 옥졸을 엄히 단속할 것을 법령으로 정하라.

하지만 정조가 이렇게 엄하게 단속 명령을 내린 지 얼마 되지 않아 다시 기강이 해이해져서 황해도 해주에서 옥졸과 죄수가 한통속이 되어 악행을 저지른 끝에 사람을 죽이는 사건이 또다시 발생했다. 이에 정조는 한층 목소리를 높여 다음과 같이 명령했다.

나라에 법과 기강이 있다면 어떻게 이럴 수 있겠는가? 고을의 수령은 어떻게 옥졸의 악행을 수수방관하고 단속할 방안을 강구하지 않는가! 해당 지방의 수령을 당장 파면하라. 해주 지방이 이 지경이면 서울이나 다른 지방의 죄수들이 징벌과 뇌물 요구에 시달리고 있다는 것을 알수 있다. 단지 죽거나 다치는 일이 없어 드러나지 않을 뿐이다. 이런 일을 대충 지나간다면 훗날 더 큰 폐단이 생길 것이다.

앞으로 이와 유사한 사건이 발생하면 관련 벼슬아치들을 중벌로 엄히 처벌하도록 하라. 그리고 공문서를 작성하여 팔도와 양도(개성과 강화)에 명을 내리도록 하라. 서울과 지방의 각 군부대에도 전하라. 임금이 구중궁궐에 깊숙이 들어앉아 있어 사정을 모를 것이라 생각하지 마라.

나에게는 암행어사가 있어 따로 사정을 파악할 수가 있으니 혹여 그냥 흘려 넘기지 말고 각별하고 엄히 단속하도록 하라.

한편 박해득이 사망한 사건에 대해 지방 정부는 최악재를 주범으로 정한 반면에 형조에서는 직접 행위자인 이종봉을 지목했다. 결과적으로 정조 임금은 최악재를 그대로 둔다면 앞으로도 계속 죄수들이 옥졸들에게 시달림을 받게 될 것이라고 판단하고 그를 세 차례에 걸쳐 형장을 때리고 섬에 노비로 보내라고 명했다. 이종봉은 여러 차례의 형장 끝에 나중에 형기를 채우고 석방되었다.

다산이 말하다　보통 감옥 안에서는 서열과 권력이 생기게 마련이어서 새로 죄수가 들어오면 잔인한 형벌을 주는 것이 관례입니다.

제가 보기에 지방 관청의 조사관들은 희한한 사건을 맞을 때마다 항시 그 죽은 원인에만 골몰하다가 끝내 착오를 일으킵니다. 지방 수령들이 임금께서 결재한 판결문을 되풀이해 읽어보면 깨닫는 바가 있을 것입니다.

형조에서 임금께 올린 형사 사건의 결재 서류들 가운데 아사(餓死 굶어 죽음), 낙상사, 피부병으로 인한 사망 등을 열거한 것은 비유를 들어 법관을 깨우쳐 주려고 한 것이지 이 세 가지가 박해득이 죽은 원인이라서 언급한 것은 아닙니다.

뭔가에 받쳐 죽게 된 경우에는 주범이 없다고 말하기도 하지만, 이는 통하지 않는 논리입니다. 부딪친 것은 형틀에 부딪친 것이고, 부딪치게 된 것은 넘어졌기 때문이며 넘어지게 된 것은 형틀에 몸이 묶여 있었기 때문입니다. 형틀에 몸을 묶은 자는 이종봉으로, 그는 최악재의 사주를 받은 자입니다. 그 연유를 심문하고 조사해 보면 최악재가 주범이 되고, 이종봉이 종범이 된다는 사실을 알게 될 것입니다.

높은 자리에 있는 사람들이 감옥 안에서 일어나는 사건들을 일일이 알기는 어렵습니다. 보통 감옥 안에서 오래 지낸 죄수는 옥졸보다 더 악독한 짓을 저지르기 십상입니다. 오래된 죄수가 많은 경우에는 그 안에서 서열과 권력이 생기게 마련이어서 새로 죄수가 들어오면 잔인한 형벌을 줍니다.

이 사건을 보면, 이종봉은 따르기만 한 사실을 가지고 죄를 물을 수는 없습니다. 최악재는 문 밖에 서서 들여다보며 명령했고, 이종봉은 밖의 위협을 핑계 삼아 악독한 짓을 저질렀습니다. 따라서 이들 모두에게 동시에 엄한 벌을 내려야 하는 바, 그 본심의 흉악함으로 본다면 최악재가 깊고 이종복은 얕다고만 할 수 없기 때문입니다.

누구보다 애민 정신이 투철했던 정조의 분노

감옥에서 일어나는 비리와 악행이 수면 위로 떠오른 사건이다. 정조와 다산은 옥졸이 죄수에게 뇌물을 요구하는 일은 물론이고 죄수들 사이에 서열을 만들고 악행을 저지른 일을 몹시 개탄한다. 비록 죄를 저지르고 감옥에 갇힌 죄수 신분이라 할지라도 오로지 법에 따라서만 처벌을 받고 구금되는 일이 지켜져야 한다고 생각한 것이다.

법을 국가의 강제력을 수반하는 엄중한 사회 규범으로 정한 이유는, 강자가 약자를 함부로 억누르거나 억울한 일을 당했을 때 개인적인 보복이 판을 치는 세상이 되면 나라가 약육강식이 난무하는 밀림이 되어 그 혼란을 막을 수 없기 때문이다.

이 사건에서 눈여겨볼 장면은 정조 임금의 분노가 일반 백성들에 대한 지극한 사랑으로 인해 한층 확대되는 부분이다. 역대 임금 중에서 누구보다 애민 정신이 투철했던 정조는 '나라에 법과 기강이 있다면 어떻게 이럴 수 있겠는가?' 하고 일갈하며 임금의 명령이 흐지부지되는 현상에 분개하는 한편으로 다시 한 번 교도(矯導) 행정에 일대 개혁을 촉구하고 있다.

이러한 의지에 따라 정조 임금은 옥졸은 물론이고 똑같이 감옥에 갇힌 죄수가 임의로 다른 죄수들을 괴롭히거나 금품을 요구하는 일이 있어서는 절대 안 된다며, 이 사건을 계기로 감옥의 관리 감독에 관한 법령을 새로 만들어서 기강을 잡고자 했다.

09

가진 자들이
더 겸손해야 하는 이유

경상도 어느 마을에서 대구로 옮겨와 임시로 타향살이를 하고 있던 성태욱은 형과 동생, 아들 성성일과 함께 살았다. 그는 양반인데다 재산이 많다는 소문이 자자했는데, 이사 온 지 몇 년이 지나도록 이웃과 화목하게 지내지 못해서 동네 사람들의 미움을 사고 있었다.

양반가 출신에 재산까지 많으면 아무래도 사람들의 주목을 받게 되는데, 성태욱 일가는 마을 사람들과 얼마간의 거리를 두고 데면데면 살았던 모양이다. 이에 한동네 사람 성치문, 박홍술, 김세정이 모여 앉아서 술을 나눠 마시던 중에 성태욱 일가를 마을에서 내쫓자고 의견을 모았다. 어떤 명목으로 내쫓을까? 그들은 쉽게 의견 일치를 보았다. 그들은 성태욱의 집안에서 노비로 지내는 맹춘 어멈을 구워삶기로 했다.

"성태욱이 동네 아낙네들과 방탕하게 놀아나고 있다!"

그들은 맹춘 어멈에게 이런 말을 온 동네에 몰래 퍼뜨리라고 사주했고, 그녀는 이 말이 불러올 파장은 생각지도 않고 돈 몇 푼을 받고 없는 말을 지어내기 시작했다.

원래 이런 소문은 삽시간에 마을에 퍼지기 마련이다. 불과 며칠 만에 성태욱이 마을의 반반한 여자들을 전부 다 건드리고 다닌다는 소문이 퍼졌다. 뜻밖의 소문에 잔뜩 화가 난 성태욱은 아들 성성일을 비롯해서 형, 동생과 함께 발 벗고 나서서 소문의 근원지를 뒤지기 시작했다.

굳이 멀리 갈 것도 없이 금방 자기 집안에 있는 맹춘 어멈을 붙잡게 되었다. 그들은 맹춘 어멈을 단단히 결박하고는 화가 풀릴 때까지 때리고 짓밟았다. 맹춘 어멈은 성치문을 비롯한 마을 사람들이 시켜서 한 일이라고 변명했지만 그럴수록 성태욱은 더욱 거칠게 매질을 했다.

이 일로 맹춘 어멈은 열흘 뒤에 죽고 말았다. 네 사람이 합세해서 폭행을 했기에 누가 주범이고 누가 종범인지 특정할 수가 없었다. 더구나 관아에 끌려가 수령이 심문을 시작하자 네 사람은 하나같이 애매하게 말을 하면서 서로가 방조자였을 뿐이라고 발뺌을 했다.

정조는 이 사건에서 폭행에 가담한 네 사람 중 한 명만을 특정하여 사형을 내리는 것은 옳지 않다고 보았다. 게다가 네 사람이 저마다 발뺌을 하는 바람에 증언조차 뚜렷하게 마련되지 않은 상황이었다.

정조는 이러한 정황을 감안하여 사건의 한복판에 있는 성태욱은 유배형에 처하고, 아들과 형제들은 형장을 때린 후에 석방할 것을 명했다.

다산이 말하다　　부자는 이웃 사람들의 원성을 사게 마련이고, 그런 원성이 모여 모함하고 저주하는 말이 되어 떠돌게 됩니다.

향촌의 부유한 백성은 대개 인심을 잃고 살아가게 마련인데 한 번 그렇게 되면 동네 사람들이 입을 모아 음란한 행실을 했다는 등의 무고를 하여 반드시 그 집안을 풍비박산 내려 하고, 그를 말살한 다음에는 재산을 흩어지게 해서 그로 인해 생기는 파생 이익을 챙기려고 합니다.

이것은 향촌에 으레 남아 있는 추악한 습속이자 고질적인 악습입니다. 지금 임금께서 만 리 밖을 밝게 보시어 성태욱의 원통함을 씻어주셨습니다. 또한 아들 성성일은 아버지가 추잡한 관계를 가졌다는 허위 사실로 고초를 겪고 있으므로, 자식으로서 이를 바로잡고자 허위 고발자를 처단했습니다. 그 아들에게 어찌 죄가 있겠습니까?

향촌에 남아 있는 고질적인 악습을 고발하다

부자들은 어느 시대나 시샘의 대상이 된다. 이 사건의 경우, 타향에서 흘러들어온 부유한 양반 가족이 새로 거처한 마을의 이웃들과 화목하게 지내지 못하다 결국 음모에 휘말려 살인까지 저지르게 되었다.

추잡한 유언비어를 퍼뜨려 성태욱을 난처하게 만든 사람은 가장 낮은 계급인 노비였다. 일개 천민이 양반가의 주인을 몰락시킬 수 있었다는 사실이 무척 흥미롭다. 이 같은 일은 오늘날에도 쉽게 찾아볼 수 있는 일이 아니다.

다산은 사건의 진상과 임금이 내린 실제 형벌과는 별도로 향촌의 양반과 부자들이 겪고 있는 어려움에 대해 말하고 있다. 부자들은 쉽게 사람들의 원성을 사게 되고, 그런 원성들이 모여 모함하고 저주하는 말로 발전한다는 설명이다. 다산은 이것이 향촌에 남아 있는 고질적인 악습이라며 개탄한다.

이런 일은 오늘날의 대한민국에서 재벌이나 고급 관리들에게도 종종 일어난다. 자신을 낮추지 않고 함부로 행동하다가 사회적 공분의 대상이 되어 하루아침에 추락하는 경우가 얼마나 많은가? 과거나 현재나 많이 가진 자들이 이웃 사람들에게 원성을 살 행동을 하지 않도록 조심해야 한다는 교훈을 주는 사건이다.

10

상급자의 갑질,
죽음으로 이어지다

전라도 전주에 있는 전라 감영의 비장(裨將) 민의철은 역참(驛站)에서 말을 바꾸고 싶어 했다. 역참은 육상 교통의 중심지에 설치된 부서로 역부나 역마를 이용해서 중앙과 지방의 공문서나 군사 정보를 전달하거나 관물 수송과 관리에 따른 숙박 등을 담당했다.

비장은 관찰사나 절도사를 보좌하는 호위무사로 일종의 장교이다. 이들은 지방의 최고 권력자를 가까이서 모시는 직책이기에 나름 권력을 행사하는 일이 많아 도처에서 말썽을 일으키곤 했다.

민의철은 언젠가부터 자신에게 배당된 말보다 더 좋은 말을 타고 싶어 이를 역마 관리 담당자인 주성숙에게 요구했지만 차일피일 미룰 뿐 말을 듣지 않아 단단히 화가 나 있었다.

어느 날 민의철은 다시 이 문제로 주성숙을 닦달하다가 동료인 이유신이 다가오자 그의 채찍을 빌려 주성숙을 다짜고짜 매질하기 시작했다. 이때 이유신은 민의철의 만행이 지속되는데도 잠자코 지켜보기만 했다.

때는 눈발이 세차게 흩날리는 한겨울이었고, 장소는 전라 감영 옆의 들판이었다. 매서운 채찍질로 인해 주성숙은 손과 발을 크게 다친 채 정신을 잃고 쓰러지고 말았다. 그럼에도 민의철과 이유신은 주성숙을 방치한 채 그 자리를 떠나버렸다.

주성숙은 온몸이 피투성이인 채로 추위와 굶주림에 시달리며 고통을 받던 중에 이웃 노파에게 간신히 구조되었지만 사흘이 지나자 그만 숨을 거두고 말았다. 이 사건의 쟁점은 공무 중에 일어난 피치 못할 체벌인지 아닌지, 죽게 만든 실제적인 원인이 폭행인지 아니면 굶주림과 추위 탓인지를 가리는 일이었다.

* * *

정조 임금은 여러 차례에 걸쳐 이 사건에서 주범과 종범이 각각 누구인지를 밝혀내라고 명령했으나 끝내 결말을 내지 못했다. 그리고 실제적인 사망 원인이 폭행에 의한 것인지, 아니면 추위와 굶주림 탓인지를 분명하게 밝혀내지 못하고 시간만 질질 끌었다.

이는 어쩌면 전라 감영의 관찰사 이하 관리들이 고의적으로 직무를 방기하는지도 모르는 일이었지만 아무튼 임금의 명령에도 시간은 속절없이 흘렀다.

결국 정조 임금은 이런 식으로 죽음을 야기한 실제 원인과 주범이 분명하게 분별되지 않는 사건에서는 정상을 참작하여 용서할 수 있다고 보고 민의철과 이유신에게 모두 살인의 죄를 경감하여 유배를 보내는 것으로 판결을 내렸다.

다산이 말하다　사람을 죽게 만든 실제 원인은 굶주림과 동상으로 보는 것이 맞고, 맞아죽었다고는 볼 수 없습니다.

전라도의 장계나 형조의 보고서를 보지 못해서 자세히 알 수는 없지만 일단 범행한 자는 민의철이고, 채찍을 빌려준 사람은 이유신입니다. 두 명 모두 비장입니다. 법에 따르면, 병영의 부장이나 비장인 자가 곤장을 사용하면 무거운 형벌로 처벌하고, 다만 태장(笞杖 곤장으로 볼기를 맞는 벌)만은 허용하고 있습니다.

그런데 비장에게는 본래 굼뜬 말이 배당되는 법이어서 더 좋은 말을 억지로 요구하는 것은 이미 법을 어긴 일입니다. 게다가 제멋대로 채찍으로 때려서 팔뚝과 발에 큰 부상을 입히고, 눈이 오는 날 밤에 밖에서 얼어 죽게 만들었으니 그 죄는 참으로 용서할 수 없는 것입니다.

하지만 사람을 죽게 만든 실제 원인은 굶주림과 동상으로 보는 것이 타당하고, 맞아죽었다고는 볼 수 없습니다. 실제 원인이 그렇기 때문에 임금께서는 판단에 더욱 신중하고자 하셨습니다.

거침없이 폭행한 그들의 행위를 보면 분명 피살자의 내장을 다치게 함으로써 주성숙은 몸을 움직이기 힘든 상태였을 거라고 추측할 수 있습니다. 그래서 끝내 추위와 굶주림 끝에 얼어 죽게 된 것입니다. 그렇더라도 시체 검시 보고서가 미비한 까닭에 제가 감히 확실히 말하지는 못하겠습니다.

권력을 남용하다 하급자를 죽게 만들다

조선시대에 벼슬아치들은 공무로 먼 거리를 이동할 때 역참에서 제공하는 말을 이용했다. 당시 비장이 어떤 등급의 말을 이용하는지는 법으로 정해져 있었다. 그들에게는 대개 하급의 말이 배정되었는데, 굼뜬 말이라도 업무를 수행하기에 충분하다고 판단했기 때문이다.

그럼에도 민의철은 법을 무시하고 해당 관원에게 더 훌륭한 말을 요구했다. 그 태도는 참으로 고압적인데다 법의 한계를 넘어서는 오만방자한 일이었다. 더구나 민의철은 주성숙을 채찍으로 폭행하고 한겨울에 들판에 방치하여 추위와 굶주림으로 고통받게 만들었다.

민의철은 비장의 신분으로 하급 관원은 물론이고 일반 백성에게도 함부로 채찍질을 하는 등 권력을 남용해서는 안 되는 위치였다. 이 역시 법을 어긴 것으로 오늘날 상급자가 하급자에 대해 갑질이나 폭행을 하는 행위와 매우 유사하다.

조선시대의 사법 체계에서는 사망 사건에서 주범이 누구인지, 그리고 실제적인 원인이 무엇인지를 밝히는 일을 중요시했다. 이두 가지 문제가 명백하게 밝혀지지 않는 경우에는 다소 낮은 처벌을 하거나 사면을 해주었는데, 이런 식의 처벌은 자연히 폐단이 많았다.

용의자를 비롯해서 주위 사람들이 모의하여 진술을 번복하거나 주범을 애매하게 만들어 법망을 피해가는 일이 비일비재했기 때문이다. 민의철이 명백히 주성숙에게 온갖 폭행을 가하여 죽게 했음에도 극형을 받지 않은 이번 경우가 대표적인 사례일 것이다.

11

아들의 패륜을 바라보는
두 개의 시선

황해도 문화현(文化縣)에 사는 배홍적이 10촌 친척 배학대와 시비가 붙었다. 배학대가 돼지를 함부로 풀어놓아서 농작물에 피해를 끼친 것이 사건의 발단으로, 그러잖아도 이전에도 돼지 때문에 농작물에 피해를 준 적이 있어 서로 감정이 좋지 않았다.

더구나 배학대는 배홍적의 사촌 형수와 몰래 간통한 적이 있어, 배홍적은 이를 가문의 수치로 여겨 그에게 반감이 있었다. 결국 이 일을 거론하며 다투기 시작했고 마침내 큰 싸움이 벌어졌다. 배홍적과 그의 어머니, 이모가 함께 그를 몽둥이로 때리고 발로 걷어차는 등 폭행을 가했고, 그런 와중에 느닷없이 배학대가 쓰러지더니

숨이 끊어지고 말았다.

배홍적의 어머니는 평소에 성질이 사납고 기운이 센 여자로 유명했는데, 죽은 자의 신체를 토막 내겠다는 증오심이 치밀어 쓰러진 배학대의 몸에 여러 차례 삽을 휘둘렀다는 사실이 밝혀졌다. 그러나 이렇게 악독하게 폭행을 가했지만, 배학대를 사망에 이르게 한 치명상은 배홍적이 급소를 걷어찬 것이 원인으로 판명되어 주범은 배홍적으로 지목되었다.

그런데 문제가 생겼다. 종범으로 지목되어 옥에 갇혀 있던 어머니가 곤장을 맞으며 조사를 받던 중에 죽고 말았다. 그러자 배홍적은 죽은 어머니에게 모든 책임을 돌리며 변명하기에 급급했다. 이런 반인륜적인 행위에 형조의 조사관과 정조 임금은 크게 분개했다. 다음은 형조에서 정조 임금에게 올린 사건 보고서에 실린 글이다.

"낳아주고 키워준 은혜를 생각하지 않은 채 죽은 어머니에게 모든 죄를 떠넘기며 오로지 빠져나가려고만 했으니 살인의 죄는 오히려 가볍고 인륜을 해친 죄가 더 무겁습니다."

* * *

형조는 이 사건을 들여다보면서 어머니와 아들, 이모까지 뒤얽혀 피해자를 너무 잔인하게 폭행했기에 누가 주범이고 종범인지 분간하기를 어려워했다. 머리채가 잡힌 채로 온몸을 몽둥이로 무자비하게 맞은 탓에 죽었는지, 아니면 발로 차고 넘어뜨려 짓밟힘 끝에 죽었는지, 실제 치명상이 무엇인지 밝혀내기가 몹시 어려웠다.

이렇게 의문의 여지가 있는 사건을 억지로 판결하는 것은《무원록》에 기록된 내용대로 판결에 억울한 자가 있어서는 안 된다는 형법의 원칙에 크게 위배되는 일이었다. 또한 아들과 어머니를 함께 가두었다가 어머니가 먼저 죽었는데, 그 아들을 법으로 처리하면 하나의 살인 사건에 두 사람의 목숨을 빼앗는 셈이 되는 것이었다.

따라서 형조의 조사관과 정조 임금은 배홍적이 어머니에게 죄를 돌리려고 한 점에 대해 인륜을 해치고 풍속을 무너뜨린 큰 죄라고 인식하면서도 살인죄에 대해서는 더 이상 묻지 않았다. 이로써 배홍적은 사형을 면하고 유배형을 받았다.

다산이 말하다　　어머니가 돌아가신 뒤에 죄를 돌리는 것은 살아 계신 경우에 그렇게 하는 것과는 큰 차이가 있습니다.

배홍적이 어머니에게 모든 죄를 돌린 것은 본래 사건과는 관계없는 별도의 죄목입니다. 하지만 미천한 백성이 윤리도덕을 모르기에 어머니가 이미 돌아가셨으니 죄를 돌려도 괜찮겠다고 생각한 것은 어머니가 살아 계신 경우에 죄를 돌리는 것과는 큰 차이가 있으니 이를 감안해야 할 것입니다.

무지한 백성에게 너무 높은 도덕성을 요구하지 마십시오

오늘날에는 사람의 생명을 인륜이나 도덕적 가치보다 높게 보는 것이 당연하지만, 조선 사회에서는 살인을 범한 것보다 인륜을 무너뜨린 죄를 더 크게 인식했음을 보여주는 대목이다.

형조는 물론이고 정조 임금조차도 어머니에게 죄를 돌리는 배홍적의 반인륜적 행위를 강하게 비판했지만, 다산은 다소 관용적인 입장을 취한다. 다산이 보기에 배홍적이 죽은 어머니에게 죄를 돌린 것은 그가 도덕을 모르는 무지한 상태에서 저지른 행위로, 이는 살아 있는 어머니에게 죄를 돌리는 패륜과는 크게 다르다고 생각했다.

다산은 무지한 백성에게 지나치게 높은 수준의 도덕성을 요구하지 말라는 의도에서 이런 의견을 개진한 것으로 보인다. 사형을 앞둔 백성은 자신의 죄를 모면하기 위해 죽은 어머니에게조차 죄를 돌릴 수 있다고 본 것이다. 반인륜적인 범죄 행위에 대해서는 서릿발같이 엄한 입장에 섰던 다산이지만 무지몽매한 백성에 대해서는 온정적인 태도를 보였음을 엿볼 수 있다.

12

짧은 순간의 자기 결정과
그 책임

황해도 어느 고을에서 도둑이 김성빈이라는 사람의 집에 몰래 들어가 부엌의 솥을 열고 고기를 훔치다가 붙잡혔다. 김성빈이 멱살을 움켜쥐자 궁지에 몰린 도둑은 들고 있던 칼로 그를 찔렀고, 이튿날 사망하고 말았다.

하지만 이 사건은 처음에 누가 범인인지 밝혀낼 수 없었다. 사건이 한밤중에 일어났고, 이튿날 피의자가 곧바로 죽었기 때문에 사건 자체가 오리무중에 빠졌다.

조사관들은 용의자를 찾기 위해 마을 백성들 남녀노소 할 것 없이 모조리 관아로 불러 행동과 말, 안색, 손이나 발을 살피며 흔적을 찾아보려 했으나 오리무중이었다.

그러던 중에 은단이라는 여자아이가 동네 아이들과 하는 말 중에 같은 마을에 사는 '이삼봉'이라는 자에 대해 이러쿵저러쿵 말하는 걸 듣게 되었다. 며칠 전 한밤중에 뒷간에 가느라 밖에 나왔다가 허둥지둥 달려가는 이삼봉을 보았다는 얘기였다. 김성빈이 죽은 바로 그날이었다. 관원이 당장 이삼봉을 불러 그날 밤의 행적을 캐묻자 우물쭈물 변명을 하다가 끝내 자백을 했다.

그런데 이 사건이 의문에 빠졌던 이유는 피살자 가족이 김성빈의 피살에 대해 신고하지 않았기 때문이었다. 그가 이삼봉과 다툴 때 분명히 소리를 들었을 테고, 더구나 칼에 찔려 죽을 때 소리를 냈을 텐데 그의 아내와 딸은 관아에 알리지 않았으며 신문을 할 때도 그때의 상황을 분명하게 말하지 않았다.

* * *

정조 임금은 남의 집에 몰래 들어가 고기를 훔치다가 주인에게 발각되어 다급한 마음에 칼을 휘둘러 사람을 죽게 한 것은 우발적인 일이었다고 판단했다. 정상을 참작해볼 때 이삼봉에게 애초에 죽일 의도는 없었다는 사실을 인정하여 엄하게 형장을 친 다음에 석방하라고 분부했다.

다산이 말하다　　범인은 본래 강도는 아니었을 테지만 다급한 상황에서 저지른 죄가 너무 악랄하니 엄히 다스려야 합니다.

황해도 산골 백성들의 풍속에서는 도둑의 칼에 가족이 찔려 죽은 경우에 피살자의 가족은 훗날 범인으로부터 보복당할 것을 걱정하여 관아에 고발하지 않습니다. 이 사건이 바로 그 예입니다. 수령이 명명백백하게 범인을 적발하여 극형에 처하지 않으면 후에 범죄자는 석방이 되어 가족에게 앙갚음을 하는 경우가 많습니다.

　이웃집에 들어가 고기를 훔친 이삼봉은 본래 강도는 아니었을 것입니다. 다만 급한 상황에 처해 칼로 위협한 뒤에 도주하려는 의도였음이 분명합니다.

　앞뒤 사정을 살펴보면 그러한 정황을 충분히 헤아려볼 수 있지만 '잠시라도 선하다면 즉시 성불할 수 있고, 잠시라도 악하다면 의롭고 용맹한 사내라도 끝내 살인을 하게 된다'는 말이 있습니다. 제 생각에 이삼봉의 경우는 저지른 죄가 너무 악랄하니 사형을 면할 수 없다고 봅니다.

짧은 순간의 자기 결정에 대해 책임을 져야 한다

이 사건에서도 정조와 다산은 이견을 보인다. 다산은 다급한 상황에서 우발적으로 살인을 했다 하더라도 짧은 순간의 자기 결정으로 인해 일어난 사건이므로 엄하게 처벌해야 한다고 생각했다.

다급한 상황에서 한순간 악한 생각을 먹게 되었지만, 이를 행동에 옮겨 사람을 죽이는 행위는 결코 일반적인 일이 아니므로 반드시 죗값을 물어야 한다는 것이다. 반면에 정조 임금은 이삼봉에게 애초에 살인하려는 의도가 있었던 것은 아니라는 점에 초점을 맞추고 사형을 면하도록 조치한다.

현대인의 시각에서는 정조 임금처럼 판결을 내린다면 과연 사법 질서가 제대로 잡힐지 의구심이 든다. 도둑질을 하다 사람을 죽였는데도 범인이 우발적인 실수라고 말한다 해서 이를 믿고 사면을 해준다면 매우 좋지 않은 선례가 될 수 있기 때문이다.

정조의 이러한 관용주의적인 태도는 백성의 편에서 법의 깃발을 들어주었기 때문일 것이다. 임금은 만백성의 아버지다. 그러니 자식과 같은 백성이 저지른 잘못에 대해 하나하나 낱낱이 물어서는 안 된다. 그랬기에 살인 사건에 대한 정조의 판결은 대개 온정적인 입장에서 최소한의 조치를 취했던 것이고, 다산은 이에 용감하게 이의를 제기하고 있는 것이다.

13

누구도 사사로이
죄를 물을 수 없습니다

이백온은 태조 이성계의 이복조카뻘인 왕족이었다. 태종 때 이백온이 비녀(婢女 여자 노비)의 남편을 죽였는데, 태종은 그가 왕족이라는 이유로 용서해주었다. 이에 대사헌 이래(李來)를 비롯한 여러 신하들이 태종에게 아뢰었다.

"옛날에는 천자의 아버지가 사람을 죽여도 사법관이 법대로 집행했는데, 그만큼 천자라 할지라도 사적으로 법집행에 개입할 수 없었습니다. 이번 일도 법에 따라 처리하셔서 죄 없이 죽은 원통한 영혼을 위로하시기를 청합니다."

이에 태종이 말했다.

"그러면 도성 밖으로 내쫓아라."

그러자 신하들이 다시 편전 앞에 엎드려 더 엄한 벌을 줄 것을 거듭 청했다. 그러자 태종은 함경도로 유배 보낼 것을 명령했다.

그 뒤 사헌부에서 이백온을 여느 죄수들처럼 포승줄로 묶어 유배지로 호송했는데, 태종이 이를 알고는 불같이 화를 내며 호송 책임을 맡은 이흡이라는 관원을 옥에 가두라고 명했다. 이래가 태종에게 다시 아뢰었다.

"이백온의 형은 고려 왕조에서 살인을 저질렀고, 이백온은 지금 살인을 했습니다. 이들은 전하가 펼치려는 '사람을 살리는 정치'의 정신을 훼손한 것입니다. 포승줄로 결박한 것은 도주 우려가 있어서 그런 것입니다."

태종이 말했다.

"경은 조선의 신하가 아니던가? 임금의 종친을 이렇게 함부로 대우해도 된단 말인가?"

이래가 대답했다.

"저희들은 결코 종친에게 치욕을 주려고 그런 것이 아닙니다. 저희는 오히려 임금의 덕스러운 정치를 도우려고 그런 것입니다."

이렇게 고한 후에 이래를 비롯한 신하들이 모두 물러나서 대전 앞에 엎드려 임금의 처벌을 기다렸다. 그러던 중에 예문관 제학인 조서가 태종께 청했다.

"이흡은 예외가 없는 법 집행을 한 것입니다. 죄를 사면해주셔서 많은 사람들의 바람을 들어주시기를 청합니다."

태종을 마침내 이흡을 풀어주었다.

사건의 배경

이 사건은 시대를 거슬러 올라 태종 때의 이야기다. 다산이 《흠흠
신서》에 태종 때의 사건을 싣고, 또 직접적인 관련이 없는 정조의
교령을 실어서 하나의 장으로 구성한 데는 이유가 있다.

다산이 전달하려 한 메시지는 비록 여종의 남편이라는 미천한
신분일지라도, 또한 그런 자가 상전에게 모욕적인 언행을 했다 하
더라도 개인이 사적으로 죽여서는 안 된다는 점을 강조하려는 의
도였다.

조선 사회에서 왕족은 무소불위의 권력을 휘두르는 존재들로
그들이 노비 같은 천한 계급에 속한 자들을 걸핏하면 죽이는 일이
비일비재했다.

다산은 백성의 생명을 빼앗을 수 있는 권리는 오로지 사법 기관
과 국왕으로부터 나와야 한다고 말한다. 다산은 태종 때 높은 신
분인 종친이 비부(婢夫 여자 노비의 남편)를 죽인 일로 처벌을 받은
것을 예로 들면서, 근래에 있었던 유사한 사건에 관대한 처분을 내
리는 정조에게 이의를 제기한 것이다.

다산이 말하다 천한 신분인 자가 살인을 저질렀어도 사법 기관이 심판해야지 개인이 사사로이 죽여서는 안 됩니다.

비부가 양반들에게 살해를 당해도 사형을 받지 않는 경우가 많습니다. 제 생각에 '비부'라는 말도 모든 경우에 전부 해당하지는 않습니다. 조정의 벼슬아치나 양반가의 남자들이 다른 사람의 여종을 데려다가 첩으로 삼을 때, 그 벼슬아치나 양반을 비부라 부를 수 있겠습니까?

비록 천한 신분으로 남의 집안의 일을 해주는 사람이 죽을죄를 지었더라도 마땅히 사법 기관에서 죽여야지 사사로이 죽음으로 몰아가서는 안 됩니다.

하지만 죽을죄를 짓지도 않았는데 분에 못 이겨 제멋대로 죽인 경우에는, 그가 아무리 고귀한 신분일지라도 사형을 받아야 마땅합니다. 조선 왕조 건국 초기에 왕실의 친족이 비부를 죽였는데, 사헌부에서는 법대로 집행할 것을 힘껏 청했습니다. 이야말로 참으로 엄정한 법집행의 사례입니다.

권력자들이 힘없는 백성을 함부로 대할 수 없도록

존귀한 왕족의 살인을 어떻게 처리해야 할까? 조선시대에는 왕족 신분이면 법을 마음대로 어겨도 되지 않았을까? 이러한 질문에 대한 답이 이 사건에 담겨 있다.

조선 초기에 왕족인 이백온은 자신이 데리고 있는 여종의 남편을 죽였다. 태종은 이를 눈감아주려 했으나 신하들이 임금 앞에 엎드려서 정당한 처벌을 요구했고, 태종은 어쩔 수 없이 유배를 보내라고 했다.

그런데 이번에는 포승줄로 결박했다는 이유로 태종이 해당 관원을 문책했다. 그러자 다시 신하들이 포승줄로 묶는 것은 정당하고 예외 없이 그렇게 하는 일이라고 고하면서 문책을 받은 이흡을 석방해줄 것을 요청했다. 태종은 어쩔 수 없이 석방해주었다.

정조와 다산은 이 사건에 대해 다른 생각을 가지고 있었다. 정조는 왕족에게 관대한 법 적용을 주장했지만, 다산은 이러한 예외 적용에 단호하게 반대 입장을 취했다. 목숨이 왔다 갔다 하는 일은 오직 사법 기관에서 판결하고 집행해야 한다는 것이다. 이는 권력과 부를 가진 사람들이 힘없는 백성을 함부로 처벌할 수 없게 하려는 의도였다.

14

임금이 칭찬한
여인의 복수극

전라도 강진현 탑동리에 사는 김은애라는 처녀는 집안은 가난하지만 그래도 뼈대 있는 양반가의 규수였다. 한편 이 마을에는 젊은 시절에 창기(娼妓)였던 안 노파라는 여인이 살고 있었는데, 성품이 몹시 간사하고 매사에 허황된 언행이 많아 구설이 끊이지 않았다.

안 노파는 평소에 김은애의 어머니에게 쌀과 콩, 소금, 메주 등 먹을 것을 꾸어갔는데 이런 일이 하도 잦자 어머니가 몇 번인가 거절했다. 그러자 안 노파는 앙심을 품고 호되게 앙갚음할 마음을 품었다.

호시탐탐 기회를 엿보던 안 노파에게 먹잇감으로 떠오른 사람은 같은 마을에 사는 최정련이라는 사내아이였다. 안 노파 남편의 누이의 손자인 최정련은 올해 열여섯 살로, 이제 슬슬 혼인 준비를 해야 할 나이였다. 어느 날 안 노파가 슬며시 그를 불렀다.

"은애 같은 여자아이를 아내로 맞으면 어떻겠는가?"

그렇지 않아도 은애는 온 동네에 소문난 미인인지라 최정련이 환하게 웃으며 대답했다.

"은애 낭자가 예쁘니 어찌 좋지 않겠소?"

"그럼 내가 은애와 네가 몰래 만나 간음하는 사이라고 떠들고 다닐 테니 너는 잠자코 앉아서 그저 굿이나 보고 떡이나 먹어라. 내가 너희들 둘이 잘될 수 있도록 엮어보겠다."

최정련이 무릎을 치며 동의하자 안 노파가 말했다.

"내가 옴을 앓고 있어 고생이 많은데, 약값이 너무 비싸다네. 일이 잘되면 내게 약값을 줄 수 있겠나?"

최정련이 그러겠다고 약속했고, 안 노파는 회심의 미소를 지으며 돌아섰다. 어느 날 안 노파가 외출했다 돌아오는 남편에게 일부러 큰 소리로 말했다.

"은애가 정련을 좋아한다며 나더러 중매를 서달라고 해서 우리 집에서 만나게 주선했는데, 정련의 할머니에게 들키는 바람에 은애가 담장을 넘어 달아났소."

이 말에 남편은 아내를 심하게 꾸짖으며 이렇게 말했다.

"은애는 양갓집 규수이니 말조심해!"

하지만 낮말은 새가 듣고 밤말은 쥐가 듣는다고 하지 않던가? 안 노파가 동네방네 떠들고 다니는 말이 삽시간에 마을 안팎으로 퍼져나가는 바람에 김은애는 시집가기가 어려워졌다.

하지만 이웃 마을에 사는 김양준이란 남자만은 김은애가 결백하다는 사실을 알고 아내로 맞았다. 그렇지만 안 노파의 모함은 더욱 기승을 부렸다. 어느 날 안 노파가 이렇게 떠들고 다녔다.

"애초에 은애는 정련과 혼인이 이루어지면 내게 약값을 대주기로 했는데, 갑자기 배반을 하고 다른 사내에게 시집을 가버렸다. 이 때문에 내 병이 더 심해졌으니 은애는 참으로 나의 원수다!"

여자에게 정절이 목숨보다 더 중요하게 여겨지던 시절이었다. 안 노파가 온갖 험악한 소리로 모함을 하고 다닌 지 어언 2년이 되어가고 있었다. 그녀가 지어낸 음탕한 소문들이 마을에 떠돌자 은애는 더 이상 참기 어려울 정도로 부끄럽고 분했다.

김은애는 본래 굳세고 모진 데가 있는 여인이었다. 그녀는 안 노파를 찾아가 직접 토막을 내어 죽여서라도 억울하고 분한 마음을 풀고자 했다. 어느 날 밤, 김은애는 소매와 치마를 걷어 올리고 식칼을 든 채 안 노파네 집으로 갔다. 이미 그녀의 남편이 집을 비웠다는 사실을 알고 있었다. 김은애는 한 치의 망설임도 없이 안 노파가 잠들어 있는 안방으로 뛰어들어 칼을 비껴들고 그녀의 목을 겨누었다.

"여태 너한테 당해온 억울함을 풀려고 하니 이 칼 맛을 보아라!"

하지만 안 노파는 세상의 밑바닥을 전전하며 산전수전을 다 겪어온 여자였다. 안 노파는 연약한 김은애가 무슨 짓을 하겠나 싶어 코웃음을 쳤다.

"어디, 찌를 테면 찔러 보아라!"

이에 김은애는 큰소리로 여부가 있겠냐고 대답하고는 여러 차례 안 노파의 목을 찔렀다. 그리고는 정신없이 안 노파의 집을 나와 아직도 남아 있는 분을 풀려고 이번에는 최정련의 집으로 달려가려고 했다. 김은애는 자신이 겪는 수모가 안 노파의 더러운 행각뿐만 아니라 최정련이 동조해서 일어난 일임을 알고 있었다.

김은애가 머리는 산발을 한 채로 온몸이 피투성이가 되어 정신없이 걸어가고 있는 중에 친정어머니를 만났다. 은애의 남편이 아내의 행방을 수소문하던 중에 친정어머니에게 자초지종을 말했고, 어머니가 그녀의 뒤를 쫓고 있는 중이었다. 어머니가 울며불며 만류하는 바람에 김은애는 집으로 돌아갔고, 마을의 이장이 관아에 고발하여 사건의 전모가 드러났다. 그때 김은애의 나이 18세였다.

* * *

정조 임금은 김은애가 수년 동안 당한 무고를 마음 깊이 동정하면서 죄를 용서해주라고 명한다. 정조의 판결문을 보면 정조가 이 사건을 어떻게 바라보았는지 알 수 있다.

세상에서 살을 에고 뼈에 사무치는 원한치고 정절을 지키는 여자가 음란하다고 무고를 당하는 일보다 더한 일은 없을 것이다. 잠시라도 이런 누명을 쓰면 곧 만 길 구렁텅이에 굴러 떨어지는 일과 같을 것이다. 구렁텅이는 휘어잡아 오를 수 있고, 참호는 뛰어서 빠져나올 수라도 있겠으나 누명은 해명하려 한들 어떻게 해명할 것이며 씻으려 한들 어떻게 씻을 수 있겠는가?

어떤 이는 원한이 깊고 분한 마음이 사무칠 때 스스로 구렁텅이로 달려가 목을 매어 자살함으로써 자신의 진실을 드러내려고 하지만 김은애는 결코 그런 길을 택하지 않았다.

김은애는 이제 고작 열여덟 살 먹은 여자로, 그녀는 깨끗하게 몸가짐을 지켜왔으나 음탕하다는 더러운 모욕을 당해왔다. 안 노파는 온갖 거짓말을 지어내며 추잡한 입을 놀렸다. 비록 결혼하기 전이라 하더라도 오히려 목숨을 걸고 진위를 따져 결백을 밝히기를 원했을 텐데, 새 인연으로 결혼을 하자마자 안 노파는 더욱 악독한 음해로 김은애의 인생을 망치려 했다.

이렇게 한 사람이 비방하자 여러 사람들이 사방에서 마구 비방을 더했다. 그리하여 원통함과 울분이 복받쳐 한 번 죽는 것으로 결판을 내려고 했다. 그래서 식칼을 들고 원수의 집으로 향하여 끝내 안 노파를 찔러 죽여 죄를 물었던 것이다. 이렇게 함으로써 마을 사람들에게 자신의 결백을 보이고, 원수는 꼭 갚아야 한다는 사실을 분명히 알게 했다.

이는 피 끓는 사내도 해내기 어려운 일이다. 또한 연약한 여자로서 억울함과 분함을 숨긴 채 개천에 몸을 던지는 일에 비길 바가 아닌 훌륭한 일이다. 김은애를 특별히 석방하라. 그리고 김은애의 이야기를 세상에 널리 반포하여 모르는 사람이 없도록 하라. 사람으로서 지켜야 할 도리를 모르고 기개와 절조가 없다면 짐승과 다름이 없다. 김은애의 일화가 풍속을 바르게 하고 교화하는 데 도움이 될 것이다.

다산이 말하다 억울한 일을 당하면 누구라도 움츠러드는 법인데, 김은애는 용감하게 복수하여 자신의 결백을 증명했습니다.

간음한 여자라는 구설에 오르면 대부분의 사람들은 아니 땐 굴뚝에 연기 나랴 하면서 사실로 간주하게 됩니다. 속담에 이르기를, 도둑의 누명은 끝내 벗을 수 있으나 간음에 대한 모함은 씻기 어렵다고 했습니다.

이렇게 억울한 일을 당하면 누구라도 움츠러드는 것이 당연한 이치인데, 김은애는 어린 여자의 몸으로 용감하게 복수함으로써 자신의 결백을 증명한 것입니다.

정절을 지킨 여인을 칭찬하는 임금의 뜻

살인 사건이 일어나면 범죄를 저지른 자에게는 대개 사형이 내려졌지만 아주 특수한 경우에는 석방 조치를 해주었다. 김은애 사건이 바로 그런 경우에 해당한다.

순결을 지키려는 여성에 대해 모함을 일삼는 행위는 응당 비난받을 일로써, 모함을 받은 피해 당사자를 크게 동정하는 마음을 정조 임금의 판결에서 볼 수 있다. 이를 통해 조선시대에 여성의 정절을 얼마나 높은 가치로 여겼는지를 알 수 있고, 나아가 정절을 지킨 여인을 국가가 보호해줘야 한다는 인식까지 엿볼 수 있다.

정조는 김은애의 일화를 널리 반포하여 모르는 사람이 없게 함으로써 백성들을 교육하려고 했다. 이를 통해 정조는 여성의 정숙함을 모독하는 행위에 엄중한 경고를 보낸다. 여성의 순결에 흠집을 내는 행위는 강하게 저항하고 보복해야 하는데, 설령 그것이 살인이라 할지라도 국가가 보호해준다는 강한 메시지를 전달하려는 의도였다.

그 뒤 정조는 조선 후기의 실학자인 이덕무(李德懋)로 하여금 김은애의 일화를 주제로 한 《은애전(銀愛傳)》을 쓰게 했다. 《은애전》은 풍속의 교화에 도움을 주기 위해 집필한 일종의 '송사소설(訟事小說)'로 김은애에 의해 빚어진 살인 사건의 전말과 법적 처리 과정, 임금의 사면을 소개하고 있다.

김은애에 관한 이야기는《정조실록》에도 수록되어 18세기 조선
사회에서 이 사건이 얼마나 중요하게 취급되었는지를 보여준다.
참고로, 송사소설이란 조선시대 후기에 유행했던 소설의 한 형식
으로 백성의 억울한 일을 관가에서 해결해주는 것을 소재로 한다.
《장화홍련전》도 여기에 속한다.

3장
—
법은 흔들림이
없어야 한다

15

강력 범죄 수사의
모범 사례

황해도 토산(兔山)에 사는 김천의가 길가에서 시체로 발견되었다. 시신은 몇 십 호(戶)가 사는 마을로 들어가는 큰길에 놓여 있었다. 관원들이 출동했지만 사망 원인이 불명확한데다 증인마저 없어 석 달 동안 세 차례에 걸쳐 검시를 했는데도 아무것도 밝혀내지 못했다.

　보통 이런 경우는 미제 사건으로 처리하고 시신을 그냥 매장하는 게 관례였으나 형조에서 더 세밀하게 조사해보라는 명을 내렸고, 이에 네 번째로 조사관을 맡은 서흥(瑞興 황해도 북부에 있는 지명) 현감이 사건 해결의 실마리를 잡게 되었다.

서흥 현감은 은비녀를 비롯한 도구를 이용하여 독극물 검사를 했는데 아무런 혐의점도 찾아볼 수 없었다. 하지만 서흥 현감은 그동안 시체가 많이 부패하여 형체를 잃었어도 복부만큼은 아직도 팽창한 채로 썩지 않은 상태라는 사실을 눈여겨보았다.

서흥 현감은 다양한 방법으로 조사를 진행하던 중에 김천의의 복부에 무엇인가에 미세하게 밟힌 자국이 남아 있음을 발견했다. 그래서 식초, 등겨(벼의 껍질), 파, 매실 등을 혼합한 액체를 가지고 복부 위에 남아 있는 자국을 검사한 끝에 그것이 누군가의 발자국임을 알아냈다. 그리고 정수리와 발바닥, 치아에도 미세하게나마 상처 자국이 남아 있음을 알아냈다.

그러한 흔적이 죽기 전에 생긴 것인지, 아니면 죽이고 나서도 분이 풀리지 않아 짓밟은 것인지는 알 수 없어도 한 가지 확실한 것은 앞서 있었던 세 차례의 조사가 너무도 허술했다는 사실이었다.

이런 정황을 확인한 서흥 현감은 그와 원한 관계가 있는 사람 등 용의자를 수소문하는 한편으로 김천의의 죽기 전 행적도 조사해 보았다. 그러던 중에 이웃 마을에 사는 김몽세라는 사람과 원한 관계가 있었다는 사실을 알아냈고, 당장 그를 불러 추궁하기 시작했다. 엄중한 문초 끝에 김몽세가 마침내 털어놓은 사정은 이러했다.

김몽세의 아들이 병약하여 요절했는데, 며느리는 아들이 죽기 이전부터 김몽세 집의 머슴이었던 김천의와 불륜 관계에 있었다. 그런데 아들의 장례를 치르고 있는데 며느리의 친정어머니가 나타나 자기 딸이 아직 청춘인데 어떻게 혼자 살 수 있겠냐며 재혼할 뜻이 있다고 말해서 그렇지 않아도 심란한 김몽세의 속을 뒤집어 놓았다.

더구나 며느리가 슬퍼하기는커녕 동네 아낙들과 히죽대며 자신은 절대 수절할 뜻이 없다는 둥 시댁 식구들의 염장을 질러댔다. 그때 마침 김천의가 나타나 며느리와 허물없이 서로를 대하며 이제 그만 친정집으로 가라고 말하는 광경을 보자 김몽세는 김천의를 죽이겠다는 마음이 불같이 일어났다. 그리하여 김몽세는 어느 날 밤에 김천의를 불러내어 짓밟아 죽이고는 마을 큰길가에 유기했다.

* * *

정조 임금은 사건에 연루된 자들을 한 차례 형장으로 벌한 다음에 석방하고, 시신은 유가족에게 내주는 것으로 사건을 마무리했다. 명백한 살인 사건임에도 그런 행위를 저지른 자의 억울한 심정을 고려한 판결이었다.

하지만 이 사건은 여러 문제점을 드러내고 있었다. 애초에 많은 사람들이 이 사건에 대해 침묵했다. 지연과 혈연으로 뒤얽혀 한마을에서 살아가는 그들은 저마다 사적인 이익을 취하면서 사건을 조용히 덮고 싶어 했다.

먼저 살해범인 김몽세 측과 김천의의 유족 간에 사적인 화해가 이루어져 고발하지 않았다. 또한 풍헌(風憲 면이나 리 같은 작은 마을에서 감찰 업무를 보던 벼슬아치) 유천복은 김몽세에게 사사로이 청탁을 받고 관아에 제대로 보고하지 않았다. 그랬기에 세 차례나 조사를 하고도 사건의 진상을 밝혀내지 못했던 것이다.

다산이 말하다 처음 사건이 일어났을 때 진상을 밝히지 못하고 허송세월한 지방 수령은 무슨 면목으로 백성들을 대할 수 있겠습니까?

서흥 현감은 아랫사람들에게 맡기지 않고 검시 절차를 성심껏 밟았고, 《무원록》을 자세히 살펴서 사소하지만 중요한 증거가 될 만한 것들을 드러내려고 한 것이 조사서에 드러나 있는 바, 그 결과물인 검험서는 매우 훌륭합니다. 문장도 명석하고 수완도 있으며 힘찹니다.

그로 보아 법도가 있고 탁월하게 뛰어난 선비라는 사실을 알 수 있습니다. 제4차 조사서는 분명하면서도 예의를 지키려는 태도와 행동이 있어 본받을 만합니다.

다만 처음 사건이 일어났을 때 진상을 밝히지 못하고 허송세월한 토산 현감은 무슨 면목으로 아전과 백성들을 대할 수 있겠습니까?

이런 행위는 매우 잘못된 것으로 엄하게 책임을 물어야 합니다.

다산이 극구 칭찬한 수사의 모범 사례

이 사건에서 가장 극적인 장면은 다른 지역의 현감이 사건 현장에 와서 벌인 제4차 조사에서 사건의 전말이 밝혀졌다는 점이다. 조선시대에 살인 사건이 일어나면 1차적으로 해당 지역의 수령을 우두머리로 하여 조사를 진행했다. 이 조사에서 사인을 밝혀내지 못하면 2차, 3차, 4차에 걸쳐 연이어 조사를 벌이는데 이때는 각각 다른 지역의 현감이 와서 조사를 하게 된다.

이 사건에서는 세 차례에 걸친 조사의 주체가 모두 달랐음에도 아무것도 밝혀내지 못했다. 이렇듯이 수차례에 걸친 조사 과정에서 사건의 전말이 밝혀지지 않은 이유는 무엇일까?

그것은 당시에 수사가 지체되면서 시체가 너무 많이 부패했고, 무엇보다도 공권력과 범죄자의 결탁이 있었다. 살인을 저지른 김몽세가 1차 조사관인 토산 현감을 매수함으로써 사건 자체를 침묵하도록 만들었던 것이다.

그렇다면 피해자의 유족들은 왜 신고하지 않았을까? 피살된 자는 남의 아내와 간통한 사내였다. 조선의 사법 제도에서 간통을 한 사람에 대한 처벌은 무척 가혹했다. 배우자가 간통한 남편이나 아내를 살해하더라도 경미한 처벌을 받는 경우가 많을 만큼 이 행위를 큰 범죄로 보았다. 따라서 이 사건의 경우 오히려 신고하지 않고 그 대가로 금품을 받는 편이 유족에게 유리했을 것이다. 실제로 김몽세는 김천의의 가족에게 금품을 건넨 것으로 밝혀졌다.

다산은 이 사건을 조사한 서흥 현감을 극구 칭찬하고 있다. 조사 방법도 탁월했고, 보고서의 문장도 더 없이 좋았다고 했다. 더구나 중요한 것은 서흥 현감이 앞서 있었던 세 차례의 조사를 뒤집는 보고를 했다는 점이다.

《흠흠신서》에서 다산은 법률 지식은 물론이고 책임감이라곤 찾아볼 수 없는 벼슬아치들을 강력하게 비판하면서도 이 사건을 해결한 서흥 현감 같은 모범적인 사례가 발견되면 아낌없이 칭찬했다.

16

미궁에 빠진
살인 사건의 비밀

황해도 평산에 사는 조광선의 아내 박 씨 부인이 혼인한 지 석 달 만에 갑자기 죽었다. 초검관인 평산 부사 정경증이 사건 현장으로 가서 가족들에게 상황을 물으니 스스로 자기 목을 찔러 자살했으며 이미 매장한 뒤라고 했다.

　시신을 묻은 지 여러 날이 지났지만 사람이 불시에 죽은 사건이기에 법에 따라 무덤을 파내어 검시해야 했다. 시신은 목 뒤쪽의 뼈에 칼자국이 세 군데나 있었다. 가족들의 말이 사실이라면 스스로 목 뒤쪽을 세 차례나 찔렀다는 것인데, 자살하는 사람이 그렇게 행동한다는 것은 이치상 맞지 않는 말이었다.

유족들은 박 씨 부인이 자살한 이유에 대해 말하기를, 시어머니에게 오랫동안 학대를 당해 고심하다가 더 이상 참지 못하고 끝내 자살하는 지경에 이르렀다고 했다.

시어머니 최아지는 이 집안의 제일 어른으로 오래전 과부가 되었는데, 언행이 난폭하고 성질이 괴팍하여 동네 사람들의 평판이 몹시 나빴다. 하지만 며느리는 모든 고통을 참아내며 정성으로 섬겼는데, 그럼에도 최아지는 하루가 멀다 하고 허구한 날 핍박을 했다고 한다.

박 씨 부인은 어린 나이에 시집을 와서 모진 고통을 참으며 석 달을 지내왔으나 시어머니가 존재하는 한 자기 삶에 영영 희망이 없다고 생각하고 스스로 목숨을 끊었다는 얘기였다.

평산 부사가 맡은 초검의 결과는 의혹만 무성할 뿐 무엇 하나 분명한 게 없어 재검을 실시하기로 했다. 재검관은 백천 부사 이서회가 맡았는데, 역시나 초검 이상의 특이점을 밝혀내지는 못했다.

다만 백천 부사는 고부 관계가 그렇게 갈등이 심했는지 의문을 제기했다. 박 씨가 시집온 지 겨우 90일이고, 그중 60일은 병에 걸려 따로 살았다고 한다. 그렇다면 함께 산 것은 기껏해야 한 달밖에 안 되는데, 그 짧은 기간 동안 자살에 이를 정도로 고부 갈등이 심해질 수 있는지 의문이 들었다.

그때 황해도 관찰사는 홍병찬으로, 조사 자료를 아무리 검토해 봐도 두 차례에 걸친 조사 보고서에서 특별한 정황을 발견할 수 없었다. 그러다 차일피일 시일이 흘러 1년 가까이 지났고, 관찰사가 바뀌게 되었다.

신임 관찰사는 엄사만으로, 부임 첫날 행차하던 중에 평산에 사는 유생 박용해가 길가에서 꽹과리를 치며 억울함을 호소하는 광경을 보게 되었다. 누이가 억울하게 죽음을 당했다면서 제대로 된 재판을 해달라는 것이었다. 박용해는 죽은 며느리 박 씨의 남동생이었다.

엄사만은 박용해에게 엄정한 조사를 약속하고 초검, 재검의 조사 신문 기록을 검토하는 한편으로 마을에 떠도는 소문을 수집하는 등 다방면으로 조사를 진행하다 이 사건에 의심스러운 점이 한두 가지가 아니라는 걸 알게 되었다.

무엇보다도 박 씨 부인이 죽은 지 여러 달이 지났는데도 어떤 판결도 내지 못하고 이렇게 허송세월한다는 것은 누군가 사건을 왜곡하거나 지체시켰다는 얘기였다. 이에 엄사만은 이 사건에 연루된 사람들을 모조리 감옥에 잡아가두고는 이제까지 조사에 임했던 조사관은 모두 배제하고 새로운 인물들에게 사건 조사를 맡겼다.

그러던 중에 조광선과 항렬이 같은 인척인 조광진이란 자가 용의선상에 떠올랐다. 그가 오래전부터 이 집안을 자주 들락거리며 수상쩍은 행동을 보여왔다는 사실을 알아낸 엄사만이 엄중하게 신문을 하자 그가 뜻밖의 말을 꺼냈다.

박 씨 부인이 죽던 날 시어머니 최아지가 갑자기 새 옷을 입고 있어 이를 수상하게 여기고 벗은 옷을 몰래 살펴보니 핏자국이 낭자하게 남아 있었다는 진술이었다. 그때 최아지는 조광진의 행동에 깜짝 놀라며 황급히 옷을 빼앗았다고 한다.

이에 두 사람을 대질 심문하니, 최아지가 "네가 나를 정녕 죽이려 하느냐?"고 울며불며 소리치는 것이었다. 엄사만은 두 사람 사이에 뭔가 이상한 기미가 있다는 사실을 알아차리곤 우선 최아지에게 매섭게 곤장을 쳤다. 그러자 최아지는 엄청난 매질을 이기지 못하고 자기가 죽였다고 자백하기에 이르렀다.

그렇다면 이제 두 가지 문제가 남았다. 최아지가 그토록 잔혹한 행위를 저지르게 된 동기가 무엇인지, 그리고 공범은 누구인지를 알아내는 일이었다. 아무리 고부 갈등이 심하다 해도 며느리를 잔인하게 죽일 정도로 증오하는 경우는 없을 터였다.

엄사만이 여러 조사 결과를 종합해보고 탐문 수사를 거듭해보니 뜻밖의 원인이 있음을 알게 되었다. 그것은 바로 최아지의 불륜이었다. 이는 이웃 사람들이 대부분 쉬쉬하며 알고 있는 사실로, 최아지가 한밤중에 몰래 바깥 나들이를 하고 외간 남자와 밀회를 한다고 증언하는 사람들이 여럿이었다.

최아지는 이 집안의 어른이라지만 이제 마흔을 갓 넘긴 여인으로, 오래전에 과부가 되어 혼자 살고 있었다. 이웃 사람들의 말에 따르면 최아지가 집안 식구들 모르게 누군가와 간통을 해왔는데, 그런 사실을 며느리 박 씨 부인에게 들켜버렸던 것이다. 그래서 입막음을 하려고 며느리가 잠든 사이에 칼로 찔러 죽였다는 것이었다.

그렇다면 이제 최아지와 간통한 사내가 누구이며, 며느리를 죽인 공범이 누구인지를 밝히는 일이 남았다. 정황상 간통한 사내가 최아지와 함께 며느리를 죽였을 가능성이 가장 높았다. 엄사만은 공범자가 이 집안과 아주 가까운 사이일 것으로 추측했다.

이때 이 집의 계집종인 사단이 진술하기를 '주인마님이 밤중에 어떤 사내와 대문 밖에서 몰래 만나 어딘가로 가는 걸 목격했다'고 말했다. 하지만 상대가 주인마님인지라 가까이 다가갈 수는 없어 사내가 누군지는 정확히 알 수 없다고 했다.

그런데 사단이 말하는 인상착의가 이웃에 사는 이차망이라는 사내와 매우 흡사했고, 사단 또한 그가 확실한 것 같다고 증언했다. 하지만 아직은 그가 공범자라는 확증이 없기에 우선은 감옥에 가두고 조사를 진행했다.

그러나 엄사만의 조사마저도 거기까지일 뿐, 한 발짝도 전진하지 못하고 한계에 부딪치고 말았다. 최아지에게 간통한 사내와 공범자를 물어도 굳게 입을 다물 뿐이고, 이차망에게 아무리 곤장을 쳐도 자기는 모르는 일이라며 고개를 흔들 뿐이었다.

그렇게 또 시간이 흐르고 여전히 해결의 기미가 보이지 않자, 정조 임금은 은밀히 암행어사를 파견하여 진상을 밝히도록 했다. 그리하여 암행어사는 초검, 재검, 그리고 황해도 감영의 조사 문건과 진술들을 가져다가 거듭 비교해보았는데 처음부터 누군가의 방해로 인해 제대로 조사되지 못한 정황이 여기저기서 포착되었다.

암행어사는 조 씨 집안과 지방 관아의 수령이나 검사관들의 유착이 의심스러운 점을 발견했다. 초검과 재검을 맡은 관리들이 이 집안과 혼인 관계에 있거나 같은 스승 밑에서 공부한 학연이 있어 초동 수사 자체가 제대로 이루어지지 않았던 것이다.

그런 과정에서 암행어사는 최아지가 진범이라는 사실을 알아내는 데 결정적인 증언을 한 조광진이 계속 집안을 들락거리며 수사 진척 상황을 염탐하고 있다는 사실을 알아챘다. 암행어사는 직감적으로 조광진이 공범이 아닐지는 몰라도 어떤 식으로든 이 사건에 연루되어 있을 것으로 보았다.

암행어사는 조광진을 일단 감옥에 가둔 다음 다른 죄수들에게 그의 말이나 표정 등 감옥에서의 생활 태도를 알아보도록 시켰다. 죄수들이 이구동성으로 하는 말은, 그가 몹시 불안에 떨며 신경을 곤두세우고 바깥의 동정을 살핀다는 것이었다.

예삿일이 아니라고 생각한 암행어사는 그동안 조사해온 내용들을 토대로 신문할 조목을 자세히 짜놓은 다음에 조광진을 조사하기 시작했다. 그러다 조광진이 한밤중에 최아지의 집 부근에서 어슬렁거리는 걸 보았다는 증언이 나와 상황이 급진전되었다. 이후 조광진은 연일 거듭되는 곤장 세례를 이기지 못하고 마침내 자백하기에 이르렀다.

조광진은 이 집안을 드나들며 허드렛일을 도와주다 숙모뻘인 최아지와 눈이 맞았고, 그동안 밤마다 밀회를 하다가 며느리에게 들켰던 것이다. 인척간이자 연하의 사내와 불륜을 저질렀다는 소문이 나면 끝장이라고 생각한 두 사람은 누가 먼저랄 것도 없이 며느리를 죽일 생각을 했고, 이를 행동으로 옮겼던 것이다.

그렇다면 왜 조광진은 최아지가 피 묻은 옷가지를 버렸다는 사실을 알려 범인으로 지목하게 했고, 최아지는 조광진이 공범이라는 사실을 마지막 순간까지도 고해바치지 못했을까?

조광진은 이 집안의 제일 어른인 최아지가 양반가의 미망인 신분에 연하의 인척과 근친상간을 저질렀다는 사실은 차마 실토하지 못할 것이라 판단했고 자신은 혐의를 벗으려는 꼼수를 부렸다. 최아지는 조광진의 예상대로 집안의 아랫사람과 근친상간을 저질렀다는 수치심 때문에 이실직고하지 못하고 입을 다물었던 것임이 조사 결과 밝혀졌다.

암행어사는 이 사건에서 조광진과 최아지가 한 사람을 같이 죽였고, 주범과 종범의 차이가 없다고 보아 두 사람에게 똑같이 사형을 내려줄 것을 요청했다. 본래는 주범 한 사람만이 사형을 받는 것이 국법인데 다소 이례적인 판결을 요청한 것이었다.

*   *   *

정조 임금은 처음 이 사건을 보고받았을 때 의혹이 매우 많은 사건으로 보았다. 조사 중에 진술이 여러 차례 번복되거나 용의자를 특정할 만한 근거가 없는 등 의혹이 많지만 증거가 없는 사건을 '의옥(疑獄)'이라고 한다. 정조는 사건을 조속히 해결하기 위해 암행어사까지 파견하여 의옥의 진상을 밝혀내려 했지만 결말에 이르기까지 너무 많은 시간이 흘렀다.

그런데 문제가 또 생겼다. 진범 두 사람을 옥에 가두고 본격적인 조사를 진행하려는데 느닷없이 조광진이 급사하고 말았던 것이다. 조광진의 사망 이유에 대해서는 독살이다, 자살이다 분분한 소문이 있었지만 시간이 지나자 이내 덮여졌다. 그러자 정조는 공범이 이미 죽었다는 이유로 최아지의 사형을 면해주고 유배를 보내는 것으로 사건을 마무리 지었다. 다음은 정조의 판결문 일부이다.

최아지는 평산 부사에게 엄중하게 일러두어 특별히 더 형장으로 신문하여 빨리 지만(遲晚 죄인이 자신의 죄에 대해 자백을 하고 쓰는 문서)을 받도록 하라. 지만을 받으면, 이미 지만을 받아낸 조광진과 함께 결안(結案 사형의 죄를 지은 자에 대한 조사를 끝내고 형을 결정하는 문서)을 받아서 아뢰도록 하라.

이차망을 범인이라고 거짓 증언한 계집종 사단과 이를 뒤에서 조종한 조봉원을 엄하게 형장을 친 후에 멀리 귀양을 보내라. 그리고 억울하게 누명을 쓰고 감옥에 갇힌 이차망은 곧바로 석방하라.

초검관, 재검관도 애초에 조사를 제대로 못한 죄가 있으니 관직을 박탈하도록 하라. 또한 사건의 해결은커녕 실마리도 찾지 못하고 허송세월한 전 황해도 관찰사 홍병찬의 관직을 삭탈하라. 엄사만은 음모를 밝혀내어 원통함을 씻어준 점은 잘한 일이지만, 죄 없는 이차망을 사형시킬 뻔한 착오를 저질렀으니 그 또한 파직하라.

음옥(淫獄 간통 사건)에서 샛서방이 없으면 사건이 성립하지 않고, 살옥(殺獄 살인 사건)에서 주범이 없으면 사건이 성립하지 않으며, 의옥(疑獄)에서 확실한 증인이 없으면 사건이 성립하지 않는다.

그런데 이 옥사는 음옥과 살옥과 의옥이 모조리 겹쳐 있다. 한 가지만으로도 용서하기 어려운 사건인데 세 가지를 겸한 사안이 철안(鐵案)[3]으로 굳어졌으니 어떻게 '부경(傅輕 의심스러운 부분이 있으면 형을 가볍게 함)'이라는 두 글자를 논할 수 있겠는가?

샛서방으로는 조광진이 언급되었는데 이미 죽었고, 주범으로도 조광진이 언급되었는데 이미 죽었으며, 확실한 증인으로도 조광진이 언급되었는데 이미 죽었다. 조광진이 자백한 것은 다행한 일이지만, 박 여인의 원통한 죽음에 자신의 목숨으로 보상하는 것은 당연하고 공정한 법도이다.

---

3. 증거가 확실하여 범인이 거의 확정된 상태라 번복하기 어려운 사건.

조광진이 살아 있지 않으니 그가 설령 죄가 없더라도 확실하게 죄에서 벗어날 길과 죽은 자의 원통함을 씻을 길이 없게 되었다. 음옥, 살옥, 의옥이 겹친 사건이 장차 해결될 날이 없게 된 것이다. 이것이 대신들과 옥관(獄官)들에게 두루 물어 끝내 결말을 보려한 이유였다.

그런데 샛서방도, 주범도, 확실한 증인도 없는 상태에서 최아지 한 사람을 죽이고서 이 여인이 세 가지 안건의 주모자라고 한다면 '지은 죄에 맞는 형벌을 적용해야 한다'는 취지에 어긋난다.

사건의 여러 정황이 의심스러운데도 사형을 내려 죽게 하는 것보다는 차라리 국법을 어기는 잘못을 범하는 편이 낫다. 법률은 지극히 '공물(公物 공적인 도구)'이다. 그런데도 구차하다는 비난을 들으면서까지 살인 사건을 빨리 수습하려 하다가는 폐해만 더 커질 것이다.

이 사건은 매우 음란하기 짝이 없다. 이 사건의 죄는 시어머니가 며느리를 죽인 일에 있지만, 앞뒤를 다 살펴 한 마디로 말하면 확실한 사건이라고 말할 수 없다.

살리는 것과 죽이는 것에 대한 고려 없이 억지로 진범이 실제로 있는 것으로 판결을 내린다면 민간의 풍속을 바르게 하고 윤리를 중시하는 정치의 취지에 어긋날 것이다. 최 여인은 이러한 점을 참작해서 석방하되, 다만 합당하게 내려야 할 죄는 경들이 법조문을 널리 참고하여 이치를 따져 의논한 후 조처토록 하라.

스스로 목을 찌르는 자가 두 번 찌르기 어려운 것은 이미 칼에 벤 아픔 탓에 다시 베지 못하기 때문입니다.

스스로 목을 찌르는 자는 대개 한 번 찌르고 말 뿐인데, 어떻게 두 번 이상이나 찌를 수 있단 말입니까? 혈기 넘치는 사람이라도 자기의 몸을 아끼기 마련이어서 이미 칼에 벤 아픔 때문에 다시 베지 못합니다.

또한 이 사건의 경우 '스스로 찔렀다'는 말은 애초에 성립하지 않습니다. 목은 몸 뒷면에 있는데 어떻게 스스로 찌를 수 있겠습니까? 새로 부임한 엄사만은 간통한 사내가 있는지 의심을 품은 것은 옳은 행위였으나 이차망을 공범으로 지목하여 죄를 적용하려 했으니 큰 잘못을 저지른 것입니다.

양반 사회의 치부가 드러난 최악의 불륜 사건

이 사건은 사건 자체도 경악스럽고 수사 과정에서도 갖가지 폐단을 드러냈다. 가장 충격적인 것은 양반 사회에서 인척간에 근친상간이 일어났다는 점이다. 근친상간 사실을 들키자 입막음을 하기 위해 살인을 범했고, 살인의 죄를 피하기 위해 다른 사람에게 죄를 뒤집어씌우는 음모를 꾸몄다. 근친상간, 살인, 무고가 한 사건 속에서 연이어 일어난 것이다.

이런 심각한 사건이 제대로 조사되지 못했다. 피의자와 공권력 사이에 유착이 있었기 때문이다. 초검관, 재검관, 관찰사들이 모두 피의자 집안과 학연, 혈연으로 연결되어 있었기 때문에 조사를 엉터리로 했다. 부실 수사가 이루어질 수밖에 없었던 환경이었다.

여기서 정조의 기지가 드러났다. 해당 고을과 아무런 연관이 없는 사람을 몰래 파견하여 독립적으로 수사를 진행하도록 한 것이다. 그렇게 보낸 암행어사의 잠행 수사가 결정적으로 사건을 해결했다. 해당 지역에서 오래 뿌리 내리며 살면서 영향력을 미치고 있는 집안이 범죄를 저질렀을 때 조사하기가 얼마나 어려운지를 여실히 보여주는 사례이다.

그럼에도 불구하고 '앞뒤를 다 살펴 한 마디로 말하면 확실한 사건이라고 말할 수 없으니 이러한 점들을 참작해서 최 여인을 석방하도록 하라'는 정조 임금의 최종 판결은 오늘날의 형법 원칙에서 보면 상식에서 한참 거리가 멀어 좀체 납득하기가 어렵다.

인척간의 근친상간은 차치하더라도 범행의 잔혹성과 그것을 감추기 위해 공권력과 유착되어 조사 과정을 훼방한 행위는 엄중하게 단죄해야 하지 않을까? 다시 한 번 조선시대의 일관성 없는 사법 체계와 양반가의 범죄 행위에 대한 관용적인 태도를 엿볼 수 있어 씁쓸한 뒷맛을 남긴다.

17

죽어 마땅한 자를
단죄하다

황해도 평산에 사는 김연석이 김초동을 물에 빠뜨려 죽였다. 이 소식을 들은 김초동의 동생 김대한과 삼촌, 조카, 사촌 등 예닐곱 명이 김연석을 찾아가 단단히 묶어놓고는 마구 짓밟고 닥치는 대로 구타했다.

패거리 중에는 죽은 김초동의 아내 한 씨도 있었는데, 남편을 잃은 분한 마음에 김연석의 어깨를 물어뜯고 손으로 마구 때렸다. 김연석은 이렇게 밤새 폭행을 당한 끝에 다음 날 피를 토하고 죽었다.

이들 중에 김대한이 가장 먼저 김연석에게 달려들어 삽자루를 휘둘렀다는 진술이 있었다. 김대한은 형을 죽인 원수를 앞에 두고 가만히 있었을 리 없을 거라는 이유로 가장 강력한 주범으로 지목되었고, 유족들도 김대한을 주범이라고 진술했다.

여러 사람이 폭행에 가담한데다 시신에 남긴 흔적이 누구의 것인지 분명치 않아 이 사건은 4차례나 검시할 만큼 조사에 난항을 겪었다. 유감스럽게도 4차례의 검시 결과가 일치하지 않고 제각기 달라서 판단에 어려움이 많았다.

평산 부사가 맡은 초검에서는 죽은 원인을 폭행으로 보았다. 폭행을 당해서 내장에 손상이 생겨 죽었다는 것이었다. 재검은 연안(延安) 부사가 맡았는데, 가슴 한쪽에 타격을 당한 흔적이 너무나 뚜렷하여 이것이 치명상일지 모른다고 했다.

그러나 삼검에서는 김초동의 아내에게 어깨를 물린 부분이 워낙 깊어 이것을 원인이라고 보았다. 이때는 어깨를 물린 흔적 이외에 다친 부분이 보이지 않았기 때문에 내린 결론이었다. 이렇게 되니 초검에서는 최초로 김연석을 때린 김대한이 주범이 되고, 삼검에서는 김연석의 어깨를 물어뜯은 한 씨 부인이 주범이 되었다.

그런데 사검에서는 사망 원인을 다시 폭행으로 판단했다. 사검을 시작했을 때는 사체가 20여 일이나 지나서 살이 문드러지고 백골만 남은 상태였다. 검시 규칙에 따라 시신을 깨끗이 씻어 자세히 살펴보니 온몸과 뼈에 다친 흔적은 없었고, 그밖에 의심스러운 부위도 없었다. 따라서 사검에서는 주로 증언과 정황을 토대로 김대한을 주범으로 삼고 사망 원인이 폭행이라고 판단했다.

사람이 죽은 실제 원인을 밝히기 위해 네 차례에 걸쳐 검시를 했는데, 두 가지 상이한 결과가 나왔다. 김대한에게 폭행당해 죽었다는 것과 김초동의 아내에게 어깨를 물린 것이 원인이라는 의견으로, 그로 인해 주범이 뒤바뀌게 되어 문제였다.

정조는 형을 죽인 원수를 앞에 두고 앞뒤 생각 없이 폭행한 행위에 대해 천리나 인정이 그러한 것이고, 법이 있고 없고는 생각할 겨를이 없었을 것이라고 했다. 그리하여 복수심으로 인한 살인범에 대해 가벼운 죄를 주는 것이 마땅하고, 또한 천륜에 따른 행위이니 용서할 만하다고 하여 형장을 때린 후에 석방할 것을 명령했다.

다산이 말하다 죽어 마땅한 사람을 원한이 있는 사람이 죽였으니 사건이 성립되지 않는데도 억지로 사건을 만든 정황이 보입니다.

김연석의 사망 원인이 결박에 의한 것이라면 먼저 그 흔적을 따져야 하고, 구타당한 것이 원인이라면 그 행위에 의한 결과를 낱낱이 따져야 합니다. 검시 보고서에서는 결박의 흔적을 자세히 따지더니 실제 사망의 이유가 구타당한 것이라고 하면 세상 이치에 맞지 않는 말입니다.

사망 원인이 구타당한 것이라면 그 흔적을 따져야 하고 죽은 원인이 내상에 의한 것이라면 내상을 따져야 하는데, 내상이라고 판정을 하고도 죽은 원인은 구타당한 것이라고 하면 이 또한 엉터리 보고서입니다.

보고서에는 다친 흔적도 매우 불분명하다고 했습니다. 그런데도 분명한 것들 중에서 그나마 제일 분명한 것을 선택하여 맞은 흔적으로 판정하지 않았는데, 어째서 그런 것입니까?

무릎 관절 한 부분이 묶인 흔적을 가지고서 김대한을 주범으로 판결한다는 것은 그에게 억울한 일입니다. 삼검에서는 사망 원인을 '어깨를 물린 것'으로 보았는데 이빨로 물렸다고 해서 사람이 그렇게 빨리 죽는 경우는 없고, 더구나 어깨의 상처는 죽음으로 이어지는 법이 없습니다.

고름이 생기지 않으면 썩어 문드러지지 않습니다. 어떻게 상처가 난 다음 날 죽을 수 있겠습니까? 또 시신에 이빨 자국이 찍히지 않았고, 피도 나지 않았습니다. 어떻게 이빨로 입은 상처가 구타보다 더 치명상이 될 수 있었겠습니까!

사검에서는 시신이 이미 백골이 되어 특별한 흔적을 찾을 수 없다고 했는데, 살과 살갗이 없어졌다고 해도 죽음으로 몰고 간 흔적은 그대로 남아 있어 변하지 않는 법입니다. 살과 살갗이 없어져서 다친 흔적도 없다고 보고한 것은 대충 조사한 것으로, 검시 방법에 대해 잘 모르기에 하는 말입니다.

초검, 재검, 삼검, 사검은 없던 상처가 새로 발견되기도 하고 또한 시신이 오래되어 백골이 되었다는 이유로 아무것도 찾아내지 못하기도 했습니다. 이에 대해 황해도 감영에서는 조목조목 비판했는데, 모두 맞는 말입니다. 그러니 허술하게 조사에 임했던 네 고을의 수령들은 부끄러운 줄을 알아야 합니다.

김초동의 사망 원인이 김연석이 밀어서 물에 빠져 죽은 것이 맞다면 김연석은 죽어 마땅합니다. 죽어 마땅한 사람을 원한이 있는 사람이 죽였으니 사건이 성립되지 않는데도 억지로 사건을 만들어 조사했으니, 이는 이치에 맞지 않습니다.

죽어 마땅한 사람을 죽였으니 사건이 성립하지 않는다

형을 죽인 원수를 살해한 동생을 어떻게 판결해야 할까? 말하자면 살인범을 법의 심판에 맡기지 않고 직접 죽인 사람에 대한 판결이다. 다산과 정조는 모두 죽어 마땅한 사람을 죽인 것이기에 사건이 성립하지 않는다고 보았다. 특히 정조는 인정상 법을 살필 겨를이 없었던 사정을 참작하여 석방을 명령했다.

다산은 이 사건에서 시신 검시에 문제점이 많았음을 지적했다.

각기 다른 고을의 수령들이 와서 시신을 검시한 다음에 보고서를 올리는 것이 당시의 방식이었는데, 논리에 맞지 않는 서술이 많을 뿐더러 검시에 대한 기본도 모르는 수령들이 제멋대로 판단하고 있다. 다산은 이들을 신랄하게 비판했고, 정조 역시 판결문 말미에 따로 이들에 대해 과오의 크기에 따라 처벌할 것을 엄히 명령했다.

18

그를 어떻게
벌할 수 있겠는가?

평안도 정주(定州)에 사는 동방녀라는 여인이 남편 몰래 이명철이
라는 사내와 간통을 했다. 남편 문중진이 이 사실을 알게 되었는
데, 이명철이 도리어 몽둥이를 들고 찾아와 문중진을 죽여버리겠
다고 설치며 온갖 악다구니와 함께 협박을 했다.

이에 분노한 문중진은 며칠 뒤 동방녀의 오빠 동방영과 함께
동방녀를 앞세우고 이명철을 찾아가서 다짜고짜 폭행을 했다. 이
명철은 얼마나 심하게 얻어맞았던지 꼼짝도 못하고 끙끙 앓다가
8일 만에 죽고 말았다. 문중진, 동방영, 동방녀 이렇게 세 사람이
모두 폭행에 가담했기에 주범을 누구로 봐야 할지 판단하기가 무

척 혼란스러운 사건이었다.

* * *

정조 임금은 이 사건에서 폭행에 가담한 사람이 세 명이기 때문에 정확하게 한 사람만을 특정하여 죄를 물을 수 없다고 보았다. 그렇기는 하지만, 그래도 아내를 빼앗긴 남편의 입장이 가장 화가 나는 상황이기에 문중진이 제일 심하게 폭행했을 거라고 추정했다. 문중진이 주범이고, 동방녀와 동방영은 종범으로 판단한 것이다.

그렇게 결정이 되었으면 문중진을 처벌함으로써 살인 사건을 매듭지어야 하는데, 정조 임금은 차마 문중진에게 사형을 내릴 수 없다고 생각했다. 정조는 다음과 같이 판결을 내렸다.

문중진을 어떻게 벌할 수 있겠는가? 문중진은 본디 남편이고, 이명철은 간통한 사내다. 간통한 사내가 본디 남편을 찾아가 겁박을 하고 몽둥이를 들고 패악질을 했기에 문중진은 너무나 분해서 폭행할 때 더욱 매섭게 때렸을 것이다. 그러나 이명철이 8일 만에 죽었다는 사실로 보아 현장에서 죽일 생각으로 폭행을 가한 건 아닌 것으로 보인다.

그렇더라도 원칙에 따라 문중진의 목숨으로 살인 행위를 보상시킨다면 앞으로 못나고 연약한 보통의 사내들이 아내를 빼앗기고서 감히 누구에게도 따져 묻지 못할 것이다.

문중진을 잡아다가 형장을 때린 뒤에 석방하라. 동방영은 특별히 석방할 것이나 동방녀는 애초에 사건의 발단이 되었으므로 엄히 형장을 때린 뒤에 유배지로 보내도록 하라.

다산이 말하다　　간통한 사내는 간통한 아내와 죄가 같은데, 사내만 혼자 죽고 여자에게 죄를 묻지 않는다면 법률에 어긋납니다.

신이 보기에 '간통한 사내를 죽인 경우 목숨으로 보상한다'는 법은 없습니다. 《대명률》과 우리나라 법전 어디에도 이런 규정은 없고, 그저 옛날부터 백성들 사이에 전해 내려온 말에 지나지 않습니다.

《대명률》에서는 간통한 아내는 본래 간통한 사내와 죄가 같다고 했습니다. 간통한 사내만 혼자 죽고 간통한 여자는 아무 죄도 묻지 않는다면 법률에 어긋납니다.

따라서 여자는 간통죄로 처벌한 뒤에 남편의 뜻에 따라 돈을 받고 다른 사내에게 시집을 보내는 것을 허용해야 합니다. 그리고 남편이 간통한 사내를 죽인 경우에 그에게 사형을 내려 목숨으로 보상하도록 조치하는 것은 온당한 판결이 아닙니다.

하나의 판결이 미래에 끼칠 영향을 고려하다

정약용과 정조 임금은 이 사건에서 의견의 일치를 보인다. 비록 간통한 사내를 폭행하여 죽음에 이르게 했지만 사형을 내리지 않는 게 옳다고 본 것이다. 정조 임금은 이 판결이 앞으로 조선 사회에 미칠 영향을 염두에 둔 것으로 보인다. 하나의 판례가 미래에 끼칠 영향을 고려하여 판결을 내린 것이다.

정조의 판결은 간통죄를 저지른 자를 사적으로 응징하는 행위를 허용한 것이기도 하다. 그런 방법으로라도 응징함으로써 백성들 사이에 간통하는 일이 생기지 않기를 바라는 마음이었을 것이다.

그렇기에 정조는 주범 문중진을 벌한다면 이후에 똑같은 일을 당한 연약한 보통의 사내들이 감히 누구에게 따져 묻지 못할 것이라고 말한다. 이 판결이 미래에 끼칠 영향을 고려한 판단이라고 강조하는 것이다.

다산은 《대명률》의 조문을 예로 들면서 원래 간통죄를 저지른 자를 죽이는 행위에 대해서는 사형을 내리지 않는다는 사실을 강조하여 정조의 의견에 동조하고 있다.

그런데 위 사건의 경우, 간통 현장을 목격한 장소가 아닌 곳에서 벌어진 살인 사건이기에 사형을 줄지 말지에 대한 의견 차이가 있었다. 당시에는 남자가 여자의 간통 현장을 목격하고 살인을 행한 경우에는 조건 없이 무죄가 성립되었다.

오늘날의 법 관념과는 거리가 있는 일이지만, 이는 유교적 가치관이 엄중한 사회에서 여인의 정절이 훼손당하는 상황을 그 시대 사람들이 어떻게 보았는지를 말해준다고 볼 수 있다.

19

허물 많은 여인의
수상한 죽음

울산 태화강(太和江)에서 뱃사공으로 일하며 살던 문순삼이 어느 날 집에 앉아 아침밥을 먹고 있는데 나루 입구로 남녀 한 쌍이 나란히 걸어오는 걸 보게 되었다. 사내는 검은 갓을 썼고, 여자는 흰 옷을 입고 있었는데 뱃사공을 부르지 않고 자기들끼리 쪽배를 타고 강을 건너려고 했다.

그런데 태화강 한가운데 즈음에 이르자 돌연 여자가 강물에 몸을 던졌고, 그런데도 사내는 여자를 구할 생각을 않고 강 건너편 남쪽 둔덕에 쪽배를 대고는 황급히 도망치는 것이었다. 문순삼은 깜짝 놀라서 급히 배를 타고 강을 건너 추격했지만 끝내 사내를 찾지 못했다.

문순삼은 남녀가 타고 있던 쪽배에서 푸른 베 보자기를 발견했는데 그 안에는 약간의 돈과 흰 모시베, 겹저고리, 버선이 들어 있었다. 문순삼은 그 길로 관아로 달려가 자초지종을 고해바쳤다.

관아의 조사관들이 시체를 건져내어 조사해보니 별달리 다친 흔적은 없고, 다만 손톱에 진흙과 모래가 끼어 있었다. 그렇다는 것은 살아 있는 상태에서 물에 빠진 여인이 살려는 몸부림으로 손으로 바닥을 긁었다는 뜻이었다.

조사 끝에 물에 빠져 죽은 여자는 곽임택이라는 사내의 아내인 견 씨 부인이고, 배에 함께 탔던 남자는 오빠 견성민임이 밝혀졌다. 견 씨 부인은 결혼 생활 내내 고부 관계가 몹시 나빴고, 남편과의 관계도 좋지 못해 얼마 전에 쫓겨났음이 밝혀졌다.

마을 사람들은 하나같이 견 씨 부인의 허물을 탓했다. 시댁 식구들과 갈등이 끊이지 않아 시집에서 쫓겨난 것도 문제지만 친정집 형제들과도 사이가 좋지 않아 오갈 데 없는 신세였다는 게 마을 사람들의 증언이었다.

그렇더라도 그런 이유만으로 강물에 몸을 던졌다는 게 아무래도 의심스러웠다. 견 씨 부인이 스스로 죽을 생각을 했다면 보자기 속에 돈, 모시, 옷, 버선은 왜 챙겨갔는지 의문이었다. 결국 자살이 아닐 가능성이 제기되어 관원들은 함께 배에 타고 있던 오빠 견성민에게 살인 혐의가 있는지 알아보기로 했다.

조사를 해보니 견 씨 부인은 한 번 결혼했다가 과부가 된 뒤에 친정에 돌아와 살면서 온갖 음란한 소문에 휩쓸려 살다 곽임택과 재혼한 사이였다. 하지만 시댁에서의 불화와 남편과의 갈등이 너무 심해서 얼마 뒤에 친정으로 돌아와버렸다. 그렇게 친정과 시댁을 오가기를 몇 번째, 결국 견 씨 부인은 집안의 우환거리가 되었다.

마을의 견 씨네 집안사람들은 늙은 아버지에게 좋지 않은 일이 생길까 걱정이 되어 어찌 되었든 시댁으로 되돌려 보내라고 야단이었다. 이에 견성민이 누이동생을 달래어 시댁으로 되돌려 보내기 위해 배를 탄 것으로 밝혀졌다. 하지만 시댁으로 돌아가기가 죽기보다 싫었던 견 씨 부인은 끝내 강물에 몸을 던지고 말았다.

그러나 그것이 진실의 전부일까? 관원들은 견성민을 조사하는 과정에서 여동생을 직접 밀어서 물에 빠뜨렸는지를 알아보았다. 당연히 그는 극구 부인했지만, 사건의 진행을 추론하는 과정에서 견성민의 혐의 사실이 점점 더 크게 부각되었다.

* * *

그 이후의 경과는 문서상으로 남아 있지는 않다. 하지만 다산은 나중에 이 사건의 앞뒤 정황으로 보아 전적으로 견성민의 소행으로서 조정의 명에 따라 끝내 자백을 받아냈을 것으로 보았다.

다산이 말하다   부모가 자식을 죽여도 죗값을 치러야 하거늘 오빠가 누이동생을 죽였다면 어떻게 용서받을 수 있겠습니까?

이 사건은 정조 임금 14년(1790) 4월 2일에 돌아가신 저의 부친(丁載遠)이 울산 부사로 재직하고 계실 때의 조사 보고서를 다시 살펴본 것입니다.

견 씨 부인이 시어머니에게 불효하고 남편에게도 순종하지 않았으며 과부가 된 후에 음란한 행실을 일삼는 등 악행이 무수히 많다 하더라도 집안사람 그 누구도 마음대로 죽일 수는 없습니다.

부모가 자식을 죽였다고 해도 죗값을 치러야 하거늘 오빠가 누이동생을 죽인 것을 어떻게 용서할 수 있겠습니까? 과부가 되었는데 수절하지 않았다고 해도 본래 죽을죄는 아닙니다. 죽을죄가 아닌데도 살인했으니 어찌 법에 저촉되지 않겠습니까?

정약용의 자부심이 묻어나는 부친의 기록

부친이 울산 부사로 재직할 때 조사한 사건을 다산이 다시 살펴본 것은 아버지의 업적을 높이고, 또한 그런 아버지의 자식으로서 자부심으로 삼았던 것으로 보인다.

사건에 대한 울산부(蔚山府)의 조사 기록만 남아 있을 뿐, 그 이후는 죄인을 상부 기관으로 이첩했기 때문에 문서 기록이 남아 있지 않았다. 하지만 다산은 견 씨 부인의 죽음이 견성민의 소행으로서 상부 기관이 끝내 자백을 받아냈을 것으로 보았다. 그렇기에 '과부가 된 후에 음란한 행실을 일삼는 등 악행이 무수히 많다 하더라도 집안사람 그 누구도 마음대로 죽일 수 없다'고 단정적으로 말하는 것이다.

당시 조선 사회는 여자가 과부가 되면 끝내 재혼하지 않고 홀로 생을 마치는 것에 최고로 높은 도덕적 가치를 부여했다. 오빠 견성민은 여동생이 여러 가지 행실로 인해 가문의 명예를 더럽히는 행위에 실망감과 분노를 느꼈을 것이다.

그래서 살인을 감행했고, 마치 여동생이 자살한 것으로 꾸몄다. 가문의 명예를 지키기 위한 선택이었는지, 아니면 개인적인 분노에서 비롯된 일인지는 알 수 없지만 행동거지에 허물이 많은 여성을 대하는 주위 사람들의 생각과 대우를 보여주는 사건이라고 할수 있다.

20

배은망덕한 노비를
때려죽였다

여자 노비 봉금은 원래 양유대라는 사람의 집에서 허드렛일을 하는 종이었다. 하지만 양유대는 40냥을 받고 봉금을 양인(良人 천민을 제외한 모든 평범한 사람)으로 풀어주었다. 이는 당시 기준으로 본다면 굉장히 헐값에 풀어준 것이었다. 봉금이 한창 젊은 나이이고 아들까지 있었기에 양유대가 큰 은혜를 베푼 것이었다.

어느 날 옛 주인 양유대가 중병이 들어 몇 달 동안 몹시 앓았는데, 마을 사람 모두가 문병을 와서 위로를 하는데도 가까운 곳에 사는 봉금은 한 번도 문병을 오지 않았다. 이런 배은망덕한 처신에 화가 잔뜩 난 양유대가 동생 양유언을 시켜 몽둥이로 봉금을 때리게 했다. 몽둥이로 때린 횟수는 목격자들의 말에 따라 다들 달랐는데, 최대 20대를 넘지 않았다고 했다. 그런데 이틀 후에 봉금이 그만 숨을 거두고 말았다.

사건을 조사한 황해도 관찰사는 양유언을 용서해줘야 한다고 주장했다. 봉금과 그녀의 아들이 함께 양인이 되는데 40냥이라는 돈은 한 사람의 금액도 되지 않았다. 그럼에도 양유대가 봉금이 오랫동안 일한 공로를 인정하여 자유의 몸이 되게 했는데도 봉금이 은혜를 망각했다는 것이다.

관찰사는 정황상 봉금이 몽둥이질을 받을 만한 점이 분명히 있다고 주장했다. 더구나 양유언이 때린 것은 아주 얇은 막대기로, 이것으로 20대 안팎을 때린 것이 사망으로 이어지기는 어렵다는 점을 들었다. 마지막으로 양유언에게 죄를 물을 수 없는 이유로는 본래 살해할 의도는 없이 단지 형의 지시에 따라 봉금을 단순 폭행했다는 것이었다.

황해도 관찰사는 이런 이유를 들어 양유언을 용서해줄 것을 형조에 청했지만, 조정의 생각은 달랐다. 이런 사건에서 살인자를 풀어준다면 함부로 사람을 죽이는 일이 잦아질 것이 우려된다는 이유였다.

* * *

정조는 속량(贖良 몸값을 받고 노비를 양인으로 풀어주는 일)하여 자신의 종을 양인으로 풀어준 후에는 주종 관계가 성립하지 않으니 함부로 죽일 수 없다고 보았다. 만약 양인이 된 후에도 예전처럼 마음대로 죽일 수 있다면 양인은 여전히 노비인 것이고, 따라서 옛 주인 마음대로 살인하는 일이 많아질 것이다.

하지만 그럼에도 불구하고 여러 정황과 행적을 참조하여 양유언을 감형해주고 사형을 면하게 조치했다. 그렇더라도 너무 가볍게 처벌하는 면이 있기에 형장을 친 후에 유배를 보내라고 명했다. 다음은 정조의 판결문이다.

노비와 주인은 명분이 매우 엄격하다. 하루나 잠깐이라도 주인과 노비의 관계라면 주인이 노비를 죽이더라도 목숨으로 되갚지는 않는다. 그러나 노비와 주인 관계가 아니라면 목숨으로 되갚아야 한다. 속량하기 전과 속량한 후에는 수시로 이랬다저랬다 해서는 안 되기 때문이다.

만약 황해도 관찰사의 주장이 맞는다고 하면, 지금부터는 양인으로 풀어준 노비를 죽인 옛 주인이 목숨으로 되갚는 법조문에다 '양인 신분으로 풀어준 뒤에 몇 달이나 며칠까지는 주인과 종의 관계를 인정한다'는 조항이 들어가야 한다. 그리고 만일 옛 주인이 옛 종을 죽이는 사건이 발생하면 속량해준 지 기일이 얼마나 되었는지를 따져본 뒤에 사형 집행의 가부를 따져야 한다.

이것이 과연 옳겠는가? 법은 흔들림이 없어야 한다. 법조문에 없는 말을 억지로 찾아내어 형벌을 내리는 데 과오가 생긴다면 법을 제정한 취지가 어디에 있겠는가!

<table>
<tr><td>다산이 말하다</td><td>임금조차 죄가 없다면 한 사람도 죽일 수가 없는데, 노비도 백성인데 어찌 함부로 죽일 수 있겠습니까?</td></tr>
</table>

노비를 양인으로 풀어주는 것을 증명하는 문서가 발급된 날이 경계가 됩니다. 이 경계 이전에는 노비가 분명하지만, 이 경계 이후에는 양인입니다. 검사관과 관찰사가 이 경계를 흐리려고 하는 것은 매우 큰 과오입니다. 이 사건에서 양유언을 용서해야 할 세 가지 관점이 있습니다.

첫째는 형의 지시를 받고 한 것이지 자기 스스로 벌인 일이 아니라는 점입니다. 만약 양유언이 다른 사람의 사주를 받고 단지 몽둥이를 집어 때린 것에 불과했다면 그를 법으로 처벌하지 않습니다. 그런데 어찌 형을 대신해서 폭행한 동생이라는 이유로 법으로 단죄한단 말입니까?

둘째는 얇은 몽둥이로 20대를 친 것이 사람을 죽게 할 수는 없다는 것입니다. 곧바로 죽었다면 그래도 가능할 법도 하지만, 이틀 후에 죽었으니 어찌 의구심이 없겠습니까?

셋째는 대가도 없이 양인으로 풀어준 것은 대가를 받고 풀어준 것과는 다르다는 점입니다. 은혜를 크게 베풀었는데도 노비가 매우 배은망덕했습니다. 큰 분노가 일어나는 것은 인지상정입니다. 그런데도 정상을 참작하여 용해줄 수 없다 하겠습니까?

일찍이 세종께서는 재위 26년(1444)에 이런 교서를 내리신 적이 있습니다.

우리나라 풍속에 윗사람과 아랫사람의 명분이 엄격하기 때문에 죄를 저지른 노비를 주인이 죽였을 경우에 보통 주인을 두둔하고 노비를 억눌렀다. 그러나 형벌이나 상을 내리는 일은 임금의 큰 권한이다. 임금조차 누구라도 죄가 없다면 한 사람도 죽일 수가 없다. 하물며 비록 천하지만 노비도 하늘이 내린 백성인데 어찌 함부로 죄가 없는 이를 죽일 수 있다는 말인가?

생명을 살리기를 좋아하는 것이 바로 임금의 덕성이다. 죄 없는 백성이 살해되는 것을 앉아서 보는 것이 어찌 두렵지 않겠는가? 지금부터 노비가 죄를 지었더라도 관아에 신고하지 않고 때려서 죽인 자는 모두 형벌에 의거하여 처벌하라. 만약 불로 지지는 형벌, 발꿈치를 베는 형벌, 칼이나 나무, 돌을 쓰는 등 참혹하게 멋대로 사람을 죽이는 자는 그의 식구 모두를 법률에 따라 관노비로 만들어라.

옛 노비를 마음대로 체벌한 양반에게 내린 벌

조선의 신분제에서 가장 낮은 노비는 주인이 마음대로 사고팔 수 있는 존재였다. 또한 주인은 노비를 가장 낮은 신분의 족쇄에서 풀어줄 수도 있었는데, 이를 '속량'이라고 한다.

이 사건에서 주인은 관대하게도 노비를 매우 적은 돈만 받고 양인으로 풀어주었다. 하지만 노비는 양인이 된 후에 주인이 베푼 은혜를 깡그리 잊고 살았다. 지척의 거리에 살면서도 문병 한 번 오지 않은 옛 노비의 괘씸한 행실에 화가 난 옛 주인은 다시금 주인 행세를 했다. 마음대로 체벌을 가한 것이다. 체벌을 받은 노비는 죽었고, 때린 사람은 살인범이 되었다.

정조는 결국 살인범에게 사형을 면해주었지만, 노비를 죽였다는 논리에서 감형해준 것은 아니었다. 배은망덕한 옛 노비의 행실과 폭행 당시의 상황 등 여러 정황을 참작했을 때 사형을 내리는 것이 적합하지 않기에 유배형으로 감형해준 것이었다.

세종은 말한다. 생명을 살리기를 좋아하는 것이 임금의 덕성이라고. 정조 임금도 바로 이러한 정신을 이어받아 가급적 극형을 피하는 판결을 내렸던 것이다. 정조가 다소 지나친 관용주의로 죄인들을 대하는 이유를 알게 된다.

21

법전에 없는 죄를
어떻게 벌할까?

황해도 금천(金川)에서 사는 이이복이라는 사내의 아내 임 씨 부인이 외간 남자 김명철과 몰래 간통하다 들켰다. 이에 분개한 이이복의 동생 이이춘은 형과 임 씨 부인의 제부 박춘복과 함께 김명철을 찾아가 그를 집안에서 끌어내어 닥치는 대로 걷어차고 때렸다. 온몸이 시퍼렇게 멍이 든 김명철은 밤새 끙끙 앓다가 이튿날 죽고 말았다.

조사 초기에는 이이춘이 순순히 자백해서 일이 쉽게 풀리는가 싶었다. 그러나 옥사가 길어지자 이이춘이 여러 차례 진술을 번복하더니 돌연 범행을 부인하면서 박춘복을 주범으로 지목하는 것이었다. 게다가 이 사건의 원인 제공자인 임 씨 부인마저도 박춘복이 주범이 틀림없다고 증언했다.

그런데 조사 과정에서 이상한 점이 드러났다. 김명철의 아내와 형 김성원이 사건 직후에 주범을 밝혀내어 복수하기는커녕 장례를 다 치르고 나서야 김성원이 제수(김명철의 아내)에게 누가 주범인지 물어봤다는 것이다.

이 같은 일은 김성원과 이이복 사이에 사사로이 합의를 본 게 아닌가 하는 의심을 들게 했다. 아무튼 황해도 관찰사는 사건의 전말을 자세히 적어 형조에 이관했다.

* * *

정조는 이 사건을 접하고 맨 처음 주범으로 지목되었고 자백까지 한 이이춘을 살인범으로 보는 것이 타당하다고 여겼다. 하지만 막상 형벌을 내리는 일에는 문제가 있었다. 시동생이 형수와 간통한 사내를 죽였을 때 어떻게 형벌을 내려야 하는지에 대해 딱 들어맞는 법조문이 없었던 것이다.

정조는 《속대전》에 '그 어미가 타인과 몰래 간통하였을 때, 간통한 사내를 현장에서 칼로 찔러 죽인 사람은 정상을 참작하여 유배형에 처한다'는 법조문을 찾아내어 이 사건에 확대 적용해볼 수 있다고 판단했다. 그리하여 주범인 이이춘은 엄하게 형장을 때린 후에 사형을 감하여 유배를 보내라고 명했다.

다산이 말하다 형수와 간통한 사내를 죽인 사람을 어떻게
단죄할 것인지에 대해서는 어디에서도 인
용할 법전이 없습니다.

살인은 중대한 사건입니다. 따라서 간통한 사내를 죽이는 경우 법
에서 남편이 아닌 사람이 죽이는 것은 허용되지 않고, 간통 현장이
아닌 장소에서 살인하는 것은 더욱 허용되지 않습니다.

어머니와 간통한 사내를 그 아들이 죽이는 것을 허용한다거나
시집가지 않은 딸을 강제로 범한 사내를 그 아버지가 죽이는 것을
허용하는 것이 우리나라의 법입니다.

하지만 이러한 법을 너무 광범위하게 확대 적용하여 형수와 간
통한 사내를 죽이는 문제까지 허용한다면 너무 지나친 것입니다.
더구나 간통 현장이 아닌 곳에서 죽이는 일은 더욱 허용해서는 안
됩니다. 형수와 간통한 사내를 죽인 범죄를 어떻게 처벌할 것인지
에 대해서는 어디에서도 인용할 법전이 없으니 살인의 죄를 물어
엄하게 다스려야 합니다.

법전에 분명한 죄목이 적시되어야 한다

형수와 간통한 사내를 시동생이 죽였다. 이런 경우, 가장 화가 치밀어 오를 사람은 아내의 남편일 텐데 동생이 형을 대신해서 그 남자를 죽였다면 과연 정의로운 일일까? 다산은 형을 생각해서 분노가 치밀어오를 수는 있지만 살인까지 저지르는 것은 너무 지나친 행동으로 보았다.

조선의 법에서는 남편이라는 조건과 간통 현장이라는 조건이 합치하면, 요컨대 남편이 아내의 간통 현장에서 외간 남자를 살인해도 죄를 묻지 않았다. 그러나 다산은 형수와 간통한 사내를 죽인 시동생의 행위는 올바른 도덕심의 발현이 아니라고 보았다.

정조는 《속대전》에 있는 법조문을 이 사건에 확대 적용했지만, 다산은 '형수와 간통한 사내를 살해한 범죄에 대한 처벌은 어디에서도 인용할 법전이 없다'면서 그런 식의 확대 해석을 경계했다.

어떤 행위가 윤리와 풍속을 저해하는 경우, 그것을 벌하려면 법전에 분명한 죄목이 적시되어야 한다는 것이 다산의 생각이었다. 현대 형법에서도 이런 내용은 중요한 원칙으로 규정되어 있다. 하나의 사건을 판결하면서 서로 다른 견해를 보이는 두 사람의 태도에서 법을 대하는 자세를 읽을 수 있다.

4장

조선판
유전무죄 무전유죄

22

수사관 정약용,
살인 사건을 해결하다

황해도 곡산 월천곡에 사는 절충장군(折衝將軍 조선시대 무신 정3품 당상관) 김오선이 7월 26일에 함경도 영풍(永豐)에서 소를 사가지고 집으로 돌아오다 이화동이라는 곳에서 도둑을 만나 죽고 말았다. 그런데 조사관들이 김오선의 집으로 가서 사건의 전말을 물었더니 아들 김완보와 김완춘이 이렇게 말했다.

"아버지께서는 평소에 가슴과 배에 병이 있어서 늘 통증으로 고생하셨습니다. 그날 길을 가다가 발병을 해서 급사한 것이지 실제로 도둑을 만난 일은 없습니다."

이웃 사람들에게 물었는데도 똑같이 대답했다. 그래서 8월 10일

쯤에 매장을 했는데, 도둑에 의해 살해당했다는 소문이 끊이지 않았다. 이때 정약용은 마침 곡산 부사로 재직하고 있어 사건을 해결해야 할 책임자 위치에 있었다.

다산이 말하다　살인 사건은 큰일이고 인명은 중요하기에 초검에 의문점이 없어도 2차 검시를 생략해서는 안 됩니다.

이화동은 여기저기 우뚝 솟은 산과 우거진 숲이 있는 곳으로, 평소에 산적들의 소굴로 악명 높은 곳입니다. 따라서 누구의 접근도 힘든 그곳에 제가 직접 가서 현장 조사를 하지 않으면 실상을 파헤칠수 없었습니다.

그런 이유로 즉시 달려가려고 하니 주위 사람들이 위험하다며 한사코 말렸습니다. 하지만 저는 그들의 만류를 뿌리치고 갔습니다. 현장에 도착하여 탐색을 위한 계획을 세우는 한편으로 목격자인 이봉위, 이창인 이 두 아이를 달래기도 하고 겁주기도 하면서 증언을 확보했습니다. 두 아이는 말하기를, 자신들이 사건 현장을 목격한 사실을 알고 범인이 칼을 들고 덤비는 바람에 간신히 피해 달아났다고 했습니다.

이런 과정을 거쳐 찾아낸 살해 용의자는 김대득이란 자로, 저는 즉시 그의 인상착의를 파악한 다음 장교 김광윤을 앞세우고 심창민을 비롯한 여러 명의 포졸들을 뒤따라 보내 그를 체포했습니다. 그의 신병을 확보한 후 엄중하게 심문한 결과 증언과 정황이 모두 일치하여 김대득이 김오선을 살해한 주범이라는 사실이 확실해졌습니다.

그러나 제 생각에 살인 사건은 큰일이고 사람의 목숨은 중요하기 때문에 검시에서 비록 초검에 의문점이 없다고 하더라도 2차 검시를 생략해서는 안 됩니다. 처음의 조사가 명백하게 밝혔다고 해도 사건의 전말을 더욱 분명히 알아보기 위해 관원을 차출하여 2차 검시를 하는 것이 어떻겠습니까?

다산의 수사 과정

다산은 증인들로부터 용의자 김대득의 인상착의에 대한 증언을 확보하고 나서 장교 김광윤과 심창민을 보내 범인을 잡아오라고 명령했다. 다산은 오늘날의 검사가 그렇게 하듯이 현장에 직접 들어가 조사를 하고, 장교를 보내 범인을 추적하게 하는 등 사건 조사 과정을 지휘하여 마침내 범인을 체포했다.

하지만 처음 수사 과정에서 용의자가 자취를 감추었다면 그를 찾아내는 것은 쉽지 않은 일이다. 김광윤은 어떻게 수사를 진행했는지 그 과정을 다산에게 다음과 같이 보고했다. 이것은 일종의 탐문 수사 보고서로, 당시의 수사 방법을 엿볼 수 있어 흥미롭다.

저희들은 8월 16일에 명령을 받고 이봉위, 이창인 등 목격자들과 함께 영풍 법곶장(法串場) 근처로 달려갔습니다. 그때 우리들은 관복을 벗고 일반인 복장으로 잠행하면서 탐문 수사를 진행했습니다.

이 과정에서 작년 12월에 이 마을에 사는 한 씨라는 사람이 집을 새로 지으려고 목재를 수송한 사실을 알게 되었습니다. 이때 목재 이동 경로 중에 이화동도 포함되어 있어 그 길을 잘 아는 인부들 중에 혹시 용의자가 있을까 싶어 증인들을 데려다가 목재를 수송한 사람들의 얼굴을 그려 일일이 보여주었는데 전부 아니라고 했습니다.

그래서 이번에는 최근에 마을에서 외지로 나간 사람이 있는지 물으니 이광인이라는 사람의 집에서 머슴으로 일했던 김대득이 올해 7월에 특별한 이유 없이 외지로 나갔다는 말을 듣게 되었습니다. 하지만 그의 자취와 소식을 아는 사람이 아무도 없었습니다. 그래서 저희는 백방으로 그를 수소문하고 은밀하게 단서를 찾아 추적해나갔습니다.

그러다 김대득의 행적에 대한 정보를 입수한 저희들은 8월 28일 오후 5시에서 7시 사이에 안변(安邊) 땅 노인령 아래에 있는 세동촌으로 그를 찾아갔습니다. 그곳은 법곶장에서 80리 정도 떨어진 깊고 험한 산속으로, 사람의 자취가 거의 없는 곳입니다. 그곳에 초가집 두 채가 있었는데, 저희는 거기서 마침내 김대득을 체포할 수 있었습니다.

그 자의 자세히 용모를 살펴보니 증인들이 말한 인상착의 그대로였지만, 저희는 그를 곧바로 결박하지는 않고 조사할 게 있다는 핑계를 대며 산 중턱까지 데리고 내려와 숲속에 숨어 있던 증인들에게 먼저 살펴보도록 했습니다.

관원 하나가 이봉위, 이창인 이 두 아이에게 다가가 눈짓을 하자 그들은 안색을 싹 바꾸면서 우리에게 어서 김대득을 결박하라고 손짓을 보냈습니다. 그래도 관원은 다시 확인하기 위해 두 아이에게 이렇게 말했습니다.

"지금 저 사내는 죽을지 살지 기로에 서 있다. 너희들이 확실하지 않은 사람을 억울하게 죽게 만들면 절대 안 되니 오로지 사실을 말해야 한다."

그러자 두 아이는 매가 꿩을 노려보듯이 관원을 날카롭게 바라보며 이렇게 말했습니다.

"저 사람이 범인이 틀림없으니 어서 결박하세요. 저 사람이 억울하다고 말해서 그냥 풀어주면 반드시 우리를 죽일 거예요. 저 사내는 당시에 우리가 현장을 목격했다는 걸 알고 칼을 뽑아 들고 찌르려고 했어요. 모두 틀림없는 사실이니 어서 결박하세요!"

수풀 너머에서 이 말을 들은 김대득은 몸과 다리를 덜덜 떨면서 이렇게 말했습니다.

"너희들이 나와 무슨 원한이 있기에 이러느냐? 나는 이제 죽었구나."

김대득은 이렇게 말하고는 두 번 다시 변명하지 않았습니다. 이 광경을 모두 지켜본 저희들은 곧바로 김대득을 결박했고, 더 이상 캐묻지 않고 밤새 끌고 왔습니다. 절차대로 취조하시기 바랍니다.

다산의 보고가 있은 후에 관찰사가 있는 황해 감영으로 김대득을 보냈는데, 그곳에서 그는 곤장을 맞다가 죽고 말았다.

진취적 태도로 사건을 해결한 정약용의 활약

곡산 부사로 재직하고 있던 정약용은 김대득 사건을 진취적인 태도로 해결했다. 도둑의 소굴에 용감하게 뛰어 들어가 현장 조사를 하고, 목격자들을 확보하여 증언을 청취하고, 장교를 보내 용의자를 검거하기까지 다산은 이 사건을 체계적으로 지휘했다.

다산은 이 사건의 용의자를 확보하여 증거와 증언을 첨부하여 상급 기관인 감영으로 보냈다. 그런데 감영으로 보내진 범인은 곤장을 맞다가 죽었다. 보통은 살인을 저지른 중죄인이라 해도 지방 수령 마음대로 사형을 집행할 수 없고 국왕의 최종적인 판결을 받아야만 한다.

하지만 이 사건은 특이하게도 관찰사의 지시로 곤장을 맞다가 진범이 죽었고, 이를 조정에 사실대로 보고하지 않고 덮어버렸다. 범인이 혹독한 매질 끝에 숨진 것으로 보이는데, 결과적으로 보면 지방에서 자체적으로 처형을 단행한 드문 사례가 되었다.

23

암행어사 정약용,
진범을 찾아내다

황해도 송화현(松禾縣)에 사는 백만장이란 자가 자신의 부모를 강씨 집안 소유의 산에 투장(偸葬)을 했다. 투장은 남의 산이나 묏자리에 몰래 자기 친족의 묘를 설치하는 것을 말한다. 조선 사회에서 타인 소유의 산에 몰래 묏자리를 쓰는 행위는 죽음과 맞바꿀 만큼 무례한 일이었다.

이에 불같이 화가 난 강문행은 친족 강의손과 함께 백만장의 집으로 들이닥쳤다. 두 사람은 집안에 앉아 있던 백만장을 끌어내어 그대로 뜰에 내던지고는 발로 걷어차는 등 마구 구타하며 분풀이를 했다. 백만장은 나흘 만에 죽었다.

초기 검사에서 검사관은 그가 맞아죽은 것으로 판단해 사망 원인을 폭행으로 확정했고, 백만장을 수차례 걷어찬 것으로 지목된 강의손을 주범으로 지목했다.

하지만 두 번째 검사에서는 단단한 땅바닥에 내던져질 때 내장 계통이 손상을 받아 죽은 걸로 보고, 백만장을 끌어내는 과정에서 바닥으로 밀친 강문행을 주범으로 판단했다. 초검과 재검에서 주범을 다르게 본 것이다.

그러나 이 사건의 시신 검사를 세 차례나 진행하고 조사도 여러 차례 거듭하는 동안 3년이 흘렀고, 그 과정에서 주범과 종범은 물론이고 사망 원인이 자꾸 뒤바뀌면서 끝내 해결의 실마리를 찾지 못했다.

* * *

이 사건은 누가 주범인지의 문제와 실제 사망 원인이 무엇인가를 명확하게 규명하지 못한 채 3년째 미해결 상태로 남아 있었다. 정조 임금은 이렇게 불확실한 사건인 경우에 누구 한 사람이 너무 오래 구금되어 있다가 옥중에서 병들어 죽는 것은 공평하지 못하다고 보았다.

사형이라는 처벌은 확신을 가지고 내려야 하는데 누구도 범행이 확실치가 않았다. 이렇게 의혹이 많은 사건은 보통 가벼운 형벌로 처리한다는 원칙에 따라 정조 임금은 둘 다 처벌은 하되 이 사건의 시발점인 강문행에게는 강의손에 비해 1등급 더 엄한 형벌을 주고 풀어주라고 명령했다.

다산이 말하다　　살인자가 순순히 자백하지 않고 변명만 일삼고 있습니다. 이런 태도는 교활하고 악랄하니 엄한 벌로 다스려야 합니다.

조사서를 보면 죽은 백만장이 누구에게 떠밀렸는지, 아니면 끌려가다 나가떨어졌는지에 대한 엇갈린 주장이 함께 적혀 있습니다. 떠밀리는 상황은 섬돌을 거쳐서 나오는 것이고, 끌려가다 나가떨어지는 상황은 문을 통해 나오게 하여 땅바닥에 떨어지도록 하는 것입니다.

　정황으로 보면, 잔뜩 화가 난 강문행이 백만장을 강하게 끌어내어 땅에 밀어 떨어뜨렸을 것으로 보입니다. 밖으로 끌고 나온 뒤에 다시 뒤로 가서 상대방을 밀려면 그만한 시간이 필요한데 화가 난 사람에게는 그럴 여유가 없습니다.

　게다가 뒤에서 밀었다면 앞으로 넘어졌을 텐데, 백만장의 얼굴에는 다친 흔적이 없습니다. 또한 섬돌에 서 있다가 끌려 떨어졌다면 내상이 상했을 텐데 그마저도 발견할 수 없습니다.

그렇다면 이 사건의 핵심 쟁점은 피해자를 뒤에서 밀쳐서 내던져졌느냐, 아니면 앞에서 끌어다가 나가떨어뜨리게 했느냐가 아니라 내장에 손상을 입었느냐, 외부에 구타 흔적이 있느냐가 쟁점입니다.

실제로 내상이 사인이라면 강문행이 사형을 받아야 마땅한 일이지만 구타당한 것이 사인이라면 강의손은 결과적으로 운 좋게 사형을 면한 셈입니다. 하지만 저는 꼭 강문행만을 주범으로 보지는 않습니다. 때리는 중에 밀치기도 하고 손이 가슴과 등에 닿기도 하고, 엎치락뒤치락하다 보면 내장에 손상을 줄 수도 있습니다. 그렇다면 백만장과 직접 몸을 부딪치며 싸운 강의손도 내상을 주었을 수 있습니다.

사건에 대한 조사서를 여러 번 읽어보니 증언과 증거가 모두 일관됩니다. 이 사건의 주동자이자 직접적인 가해자인 강문행은 사형을 면하기 어려워 보이는데도 자백하지 않고 애매모호하게 변명만 일삼고 있습니다. 이런 태도는 극히 교활하고 악랄하니 엄한 형벌을 가해 실상을 알아내는 게 어떻겠습니까?

오랫동안 미궁에 빠져 있던 사건을 해결한 정약용

특별히 정약용 자신이 직접 조사관으로 임한 사건이다. 정약용은 이 사건에서 쟁점이 무엇인지 조목조목 따져가면서 자신의 주장을 편다. 여러 조사관들의 엇갈린 주장에 대해 자신의 논리로 사건의 주범과 실제적 사인을 밝혔다.

이 사건은 본래 황해도 지역에서 암행을 하며 수령들의 폐해를 보고하라는 정조의 명을 받은 정약용이 송화현에서 일어난 의심스러운 사건을 밀주(密奏 임금께 몰래 아뢰는 일)한 것이다.

정조 임금은 애초에 황해 감사 이의준에게 이 사건을 조사할 것을 명했었는데, 이의준이 정약용을 조사관으로 임명하여 사건을 조사하도록 조치한 것이다. 이로써 오랜 시간 미궁에 빠져 있던 사건이 정약용에 의해 해결되었다.[4]

---

4. 《다산시문집(茶山詩文集)》〈자찬 묘지명(自撰墓誌銘)〉에서 발췌함.

24

법집행의 일관성이
중요합니다

조선시대에는 묏자리를 두고 분쟁하는 일이 잦았다. 전통적인 유교 사회에서 조상을 명당자리에 모시고 정성껏 돌보는 일이 자식의 의무였기 때문이다.

조선 사회에서는 묏자리를 살아 있는 사람이 사는 집에 비유하여 음택(陰宅)이라 불렀고, 시묘(侍墓)살이라 해서 돌아가신 부모님을 탈상할 때까지 3년 동안 묘지 근처에 움집을 짓고 공양을 드리는 것을 최고의 효도로 쳤다.

풍수지리 이론에 따르면, 명당에 묘를 쓰면 조상의 영원한 평안이 보장될 뿐더러 그 음덕으로 가문이 발복하여 흥성할 수 있다고 했다. 그랬기에 특히 명당을 두고 다툼이 잦았다.

묏자리를 두고 소송을 벌이는 일을 '산송(山訟)'이라고 하는데, 한 번 갈등이 시작되면 심할 경우 죽기 살기로 다투기 때문에 커다란 행정 부담이 되기도 했다. 그만큼 사회 질서를 유지하는 데 매우 중요한 역할을 하는 민사 소송 사건이었던 것이다.

경기도 고양에 사는 이경구라는 사람이 늦은 밤에 산에서 장례를 지내고 있었다. 장례는 원래 밝은 대낮에 치르게 마련인데 어째서 한밤중에 몰래 치르는 것일까? 그런데 이 땅은 원래 이기종이라는 사람의 소유로, 그는 누군가 자신의 땅에서 한밤중에 은밀히 장례를 지낸다는 소식을 뒤늦게 듣고 펄쩍 뛰었다.

이럴 경우는 십중팔구 남의 땅에 몰래 부모의 시체를 묻는 '암장(暗葬)'이거나 남의 산이나 묏자리에 몰래 자기 집안의 묘를 쓰는 '투장(偸葬)', 아니면 권문세가의 힘을 앞세워 강제로 남의 집안 명당을 빼앗는 '늑장(勒葬)'일 터였다.

어느 쪽이 되었든 누군가 내 땅에 시체를 묻으면 그쪽은 잘될지 몰라도 묏자리를 내준 집안은 멸문(滅門)을 당한다는 속설이 있을 만큼 엄청난 일이었다.

이에 이기종이 당장 여러 명의 일가친척을 이끌고 현장에 들이닥쳤다. 그의 주도하에 이진영, 이대성, 이득종, 이득춘, 이휴징 등이 합세하여 이경구를 두들겨 패는 한편으로 이미 매장한 시신을 꺼내 산 아래로 패대기를 쳤다.

그런데 문제가 생겼다. 그 과정에서 이경구가 멱살잡이를 하며 다투다가 그만 벼랑 아래로 떨어져 죽고 말았던 것이다. 남의 집 묏자리를 훔치려다 당한 일이지만 너무 가혹하게 다루다 보니 생긴 뜻밖의 불상사였다.

사건에 연루된 사람들이 모조리 옥에 갇혀 형장을 맞고 조사를 받았는데, 그들은 서로 책임을 떠넘기며 자신은 그저 소극적으로 가담했을 뿐이라고 발뺌을 했다. 결국 이 사건은 주범이 누구인지, 실제 사인이 무엇인지를 밝히는 것이 해결의 관건이 되었다.

시체를 자세히 검사해보니 갈비뼈와 겨드랑이를 크게 다친 자국이 있었지만 살갗은 빛깔이 그대로였다. 목이 부러져 있었는데 벼랑 아래로 굴러 떨어지는 과정에서 다친 것인지, 아니면 폭행을 당하는 과정에서 그런 것인지는 알 수 없었다.

* * *

정조 임금은 일단 한밤중에 암장 문제로 발생한 사건이라는 사실을 주목하면서도 너무도 많은 사람이 연루되어 있어 처벌을 받을 주범을 특정하는 일이 어렵다고 보았다. 게다가 사람들의 진술이 엇갈려서 누구의 말을 믿어야 할지 판단하기도 힘들었다.

이런 상황을 종합적으로 참작하여 정조 임금은 이 사건을 판단 내리기에 의심스러운 점이 많은 사건으로 규정하여 가볍게 처리하되 이기종에게는 시한이 없는 유배형을 명하고, 옥에 갇힌 자들은 등급을 나누어 벌하거나 석방할 것을 명령했다.

___

다산이 말하다 백성을 위하는 마음으로 판결에 차별 적용을 하시는 것은 좋지만, 법집행의 일관성 면에서는 절대 온당치 않습니다.

벼랑 아래로 미끄러져 떨어졌다고 하면 시체 검험서에 그에 대한 실제적인 증거를 기록했어야 옳습니다. 《무원록》에서 '낙상사 조항'을 보면 스스로 벼랑 아래로 떨어진 자는 그 힘이 아래에 있어 다친 신체 부위가 다리, 발, 어깨가 많은 반면에 누군가에 떠밀려 떨어진 경우에는 그 힘이 위에 있어 다친 신체 부위가 머리, 얼굴, 양손, 팔이 많다고 했습니다.

이처럼 스스로 떨어진 사람은 무의식중에라도 자신의 신체를 보호하려는 마음이 있기에 하체가 먼저 떨어지는 반면에 누군가에게 떠밀려서 떨어진 경우는 자기의 의도와는 달리 추락한 것이기에 상체가 먼저 지면에 닿는 것입니다.

이 사건의 시체 검험서에 나온 다친 자국들은 모두 등 뒤와 귀밑에 있고, 사망 원인도 목뼈가 부러진 것으로 나왔습니다. 《무원록》에서 말한 다리, 발, 어깨에 다친 흔적이 없는 것으로 보아 벼랑에서 떨어졌다 해도 스스로 떨어진 것이 아님을 알 수 있습니다. 이는 필시 누군가 밀어서 떨어진 것으로, 이 부분에 있어서는 의심의 여지가 없습니다.

또한 어떤 사람을 골짜기 아래로 떨어지게 했다면, 그 죄는 가장 먼저 이를 주장한 사람에게 있습니다. 이 사건에서 무리를 이끌고 가서 몰래 장례를 지내는 사람을 두들겨 패는 데 앞장선 사람은 이기종입니다. 이 경우는 마치 무리를 동원하여 대오를 이루는 전투와 흡사하고, 이 과정에서 누군가가 죽거나 다치게 되면 그 책임은 우두머리에게 있습니다.

따라서 이 사건에 대해 임금께서 '의심스러운 점이 많기에 그 죄를 가볍게 처리한다'고 판결을 내린 것은 이해할 수 없습니다. 임금께서 백성을 살리려는 넓은 인품으로 범인에 대한 판결에 차별적인 적용을 하시는 것은 좋지만, 법집행의 정당성이나 일관성 측면에서 본다면 절대 온당치 않은 일입니다.

일관성 있는 법집행을 요구하는 다산의 용기

정조 임금과 다산은 이 사건에서 큰 이견을 보이고 있다. 정조는 이 사건에서 실제 사인과 주범을 특정하기 어렵다고 본 반면에 다산은 《무원록》을 참조했을 때 피살자는 누군가에게 떠밀려 벼랑 아래로 떨어진 것이고, 그것이 무리일 경우에는 우두머리가 책임을 져야 한다고 분명히 강조하고 있다. 다산은 이 사건이 실제 사인이 명확하고, 주범도 확정할 수 있다고 본 것이다.

다산은 비록 이 사건의 판결에 직접적인 영향을 미칠 수는 없었지만 논평에서 다소 과감한 말을 한다. 임금이 백성의 생명을 살리려는 뜻에서 정상을 참작하여 관대한 판결을 내리는 것은 좋은 일이지만 법집행에서 일관성을 잃어서는 안 된다는 것이다.

세종대왕은 백성을 살리는 것을 기쁨으로 여기는 것이 임금의 덕성이라고 했고 이후 대부분의 국왕들이 이 뜻을 따랐지만, 여기에도 원칙이 있어야 하고 일관성이 뒤따라야 한다고 다산은 강조하고 있다. 이는 달리 말해서 왕의 판결은 때와 장소와 대상자에 따라 법 적용이 오락가락해서는 안 된다는 것이다. 오늘날 법을 집행하는 현장에서 일하는 사람들도 명심해야 할 말이 아닐 수 없다.

25

자식 대신
살인범을 자처한 어머니

황해도 재령에 사는 곽명대의 집에서 그와 차광벽이 어떤 문제로 서로 치고받고 싸우다가 차광벽이 갑자기 죽고 말았다. 시체 검안 결과 정수리 쪽을 비롯한 여러 급소에 크게 폭행을 당한 흔적이 있었다.

그런데 문제가 생겼다. 곽명대의 어머니가 다음 날 자살을 했기 때문이다. 조사 과정에서 곽명대는 말하기를, 사건 당일 어머니가 차광벽에게 맞아서 숨이 끊어질 듯하여 화가 나서 그에게 복수했을 뿐이며 차광벽은 이미 어머니로부터 호되게 매를 맞다가 죽었다고 진술했다.

그러나 곽명대의 어머니 시신을 살펴보니 폭행당한 흔적은 전혀 없었다. 검시관이 여인의 항문에 은비녀를 넣어 살펴보니 색깔이 검은색으로 변했다. 이로써 여인이 폭행을 당해 죽은 게 아니라 독극물을 마시고 사망한 것을 알 수 있었다. 때마침 그 집 머슴이 주인마님이 죽기 전날 밤 독극물을 구해다 달라고 했던 사실을 증언했다.

무슨 일일까? 알고 보니, 자식이 폭행을 해서 사람을 죽이자 너무 걱정이 되고 겁이 나서 자신이 죽음으로써 사건을 모호하게 만들어서 아들을 구하려고 그렇게 한 것이었다. 그런데도 아들은 이미 어머니가 돌아가시고 자신은 사형을 받게 될 것을 두려워한 나머지 차광벽을 폭행해서 숨지게 한 사람은 어머니라고 부득부득 우겼다.

* * *

이 사건에서 곽명대의 어머니는 실제로는 폭행당한 일이 없고, 자식이 살인범이 되는 것을 막기 위해 스스로 독극물을 마시고 자살한 것을 정조 임금이 인지했는지는 불명확하다. 다만 정조는 자식이 폭행당한 어머니를 대신해서 복수하다가 살인했다는 곽명대의 진술을 받아들여 사형을 감해주라는 명령을 내렸다.

이후에 곽명대의 음모가 조사를 통해 밝혀지고 나서 다시 임금에게 보고되었을 것으로 보이지만, 남아 있는 기록이 없어 최종적으로 이 사건에 대한 판결이 어떻게 이루어졌는지는 알기 어렵다.

다산이 말하다   아들이 직접 어머니를 칼로 죽인 것은 아니지만, 이는 실질적으로 어머니를 살해한 행위와 다름없습니다.

형사 사건을 처리하는 법에서는 첫째 풍속과 교화의 측면을 가장 고려해야 합니다. 곽명대의 어머니가 왜 죽었습니까? 아들이 살인을 저질렀기에 어머니가 자살을 택한 것입니다.

  이는 아들이 직접 칼을 손에 쥐고 어머니를 살해한 것은 아니지만 실질적으로 어머니를 죽인 행위와 다름없습니다. 그럼에도 불구하고 곽명대는 어머니에게 죄를 떠넘기고 자신의 잘못에서 벗어나려고 했습니다. 이러한 행위는 결코 용서할 수 없는 매우 큰 죄입니다.

판결은 향후 사회에 미칠 영향력을 고려해야 한다

조선시대에는 부모의 원수를 갚는 살인 행위는 사형을 면하게 해주었다. 부모의 원수를 갚는 것이 인륜에 맞는 일이고, 그렇게라도 해서 원통함을 풀어야만 살 수 있다고 보았던 것이다.

따라서 이러한 법리를 악용하는 일이 자주 일어났다. 위 사건도 자식이 살인범으로 확정되면 사형을 받게 될 것이 확실하기 때문에 차마 자식을 죽게 내버려두지 못하는 어머니가 대신 죽음으로써 자식을 살리려고 한 경우다.

다산은 어떤 형사 사건을 처리할 때는 그것이 하나의 판례가 되어 향후에 사회에 미칠 영향력을 고려해야 한다고 보았다. 위 사건에서 자식의 행위가 용납된다면 결국엔 부모들이 사지로 내몰리게 되는데, 그것은 바람직한 풍속이 아니라고 말했다.

게다가 다산은 곽명대가 자식으로서 부모를 간접적으로 죽게 만들고, 그것도 모자라 자신의 범죄를 은폐하려고 어머니에게 전가하는 행위를 강도 높게 비판했다. 차광벽을 죽인 죄보다 부모에게 반인륜적인 행위를 자행하는 태도를 더 크게 비판한 것이다.

앞서 〈11. 아들의 패륜을 바라보는 두 개의 시선〉 편에서 다산은 임금에게 어머니가 돌아가신 뒤에 죄를 돌리는 것은 살아 계신 경우에 그렇게 하는 것과는 큰 차이가 있다면서 무지한 백성에게 너무 높은 수준의 도덕성을 요구하지 말라고 강조한 바 있다.

하지만 이번 사건에서는 아들이 어머니를 직접 칼로 찔러 죽인 것은 아니지만 실질적으로 어머니를 살해한 행위와 다름없으니 용서할 수 없다고 혹독히 비판하고 있다. 두 개의 사건을 바라보는 다산의 해석이 정반대로 갈리는 이유는 무엇일까?

후자의 경우, 어머니가 아들을 구하려는 마음에서 스스로 목숨을 끊었는데도 아들은 죄책감은커녕 오히려 어머니에게 죄를 돌리는 악랄함으로 일관한 것이 다산의 분노를 샀다. 어머니를 간접적으로 죽게 한 것으로도 모자라 어떻게든 자기만 살고 보려는 마음에서 모든 죄를 어머니 탓으로 돌리는 비겁한 행위에 엄하게 죄를 묻는 것이다.

다산은 《흠흠신서》에서 법집행은 인지상정에 맞아야 한다는 점을 누누이 강조한다. 인지상정은 사람이라면 누구나 가지고 있는 보통의 마음이라는 뜻으로, 법은 일반적인 사람들 사이에 널리 통용되는 상식에 부합해야 한다는 뜻이다. 다산이 임금에게 곽명대를 엄하게 처벌해야 한다고 주장하는 것도 바로 그의 행위가 일반의 상식에 너무 동떨어지기 때문일 것이다.

26

재산 싸움 뒤에
숨은 흉계

복덕이라는 여인은 젊어서는 한명주라는 사내의 계집종이었다가 오래전에 그가 홀아비가 되자 첩이 되었다. 그런데 복덕이 첩이 될 때까지 몇 년 동안에 걸쳐 집안에 좋지 않은 일이 연거푸 일어났다. 한명주의 정실부인과 아들, 손자가 모두 병으로 죽었던 것이다.

이에 한명주의 손자며느리 김 씨 부인은 이 모든 것이 복덕이 온갖 흉물을 땅에 파묻으며 저주해서 생긴 일이라며 관아에 고발했고, 복덕은 즉시 옥에 갇히게 되었다. 이때 복덕의 나이는 80세였다. 복덕은 크게 세 가지 혐의를 받았다.

첫때는 만두에 독약을 넣어 사람을 죽게 했다는 것이다.

둘째는 부뚜막 신에게 밤낮으로 소원을 빌었다는 것이다.

셋째는 이를 위해 여러 가지 흉물을 집안 곳곳에 파묻어 저주했다는 것이다.

하지만 이것들은 정황상 범죄의 혐의가 되기에는 불충분하다는 게 관아의 입장이었다. 하지만 손자며느리 김 씨 부인은 흉물을 파묻은 혐의는 그 물건을 파내어 한명주에게도 직접 보여줌으로써 복덕의 죄를 입증했다고 말했다.

그렇다면 증거품들은 다 어디에 있는가? 현감의 물음에 김 씨 부인은 집안에 남겨두어도 쓸데가 없어 포구에 던져버렸다고 했다. 이런 말은 분명히 사람을 모함하기 위해 하는 것임을 간파한 현감은 좀 더 자세한 조사가 필요하다고 생각했다.

그 뒤 밝혀진 사건의 전말은 이러했다. 한명주는 재산이 많은 노인으로 오래전에 상처한 뒤에 복덕과 한방에서 지내면서 여러 명의 서자를 낳았다. 문제는 한명주가 날이 갈수록 노쇠하여 생각이 혼미해지고 집안엔 본처가 낳은 적자와 복덕이 낳은 서자 등 자녀들이 많아서 갈등이 생기는 일이 너무도 잦다는 것이었다.

이에 한명주의 며느리와 손자며느리는 재산은 물론이고 집안의 권력까지 복덕에게 빼앗기지 않을까 염려해서 호시탐탐 그녀를 제거할 생각을 해온 것이었다. 이런 판국에 한명주가 노망이 들 정도가 되자 복덕을 쫓아내려는 흉계를 꾸며 그를 설득했던 것이다.

한명주는 예전에 수년 동안 집안에 불길한 일들이 자주 일어난

데다 지금은 정신까지 어지럽기에 복덕이 '만두에 독을 넣었다', '부뚜막 신에게 빌었다', '흉물을 땅에 묻어 저주했다'는 말을 곧이 곧대로 믿게 되었다. 결국 한명주는 수십 년 동안이나 복덕을 데리고 살았음에도 자녀들이 그녀를 관아에 고발하는 데 동의했다.

* * *

정조 임금은 이 사건에서 복덕의 혐의에 대해 모두 근거가 불충분하다고 판단했다. 게다가 한명주를 둘러싸고 적자 계열의 며느리들과 복덕의 자식들 간에 재산 다툼이 있다는 정황도 확인했다.

뿐만 아니라 옥에 갇힌 채 조사를 받는 복덕의 나이는 80세였다. 정조는 이런 정황을 확인하고 복덕을 사면해주면서 오히려 죄 없는 여인을 감옥에 가두려는 흉계를 꾸민 사람들을 엄히 처벌하라고 분부했다.

다산이 말하다　판결은 무엇보다 공평해야 하는데, 마음속에 자기만의 저울이 있다면 어떻게 정당하게 처리할 수 있겠습니까?

이런 종류의 민사 소송과 형사 사건을 판결하는 일에는 원래 세 가지 폐단이 있어 왔습니다.

첫째, 시어머니와 며느리가 서로 갈등하여 발생한 사건일 때 관아는 반드시 시어머니를 의심하고 며느리에게 관대합니다.

둘째, 계모와 정실의 아들이 서로 갈등하여 발생한 사건일 때 관아는 반드시 계모를 미워하고 정실의 자식을 불쌍히 여깁니다.

셋째, 첩과 정실부인이 서로 갈등하여 발생한 사건일 때는 반드시 첩을 사건에 연관시키고 정실부인의 억울함을 들어줍니다.

중범죄를 판결할 때는 세상 무엇보다 공평해야 하는데 마음속에 먼저 자기만의 저울을 두고 있다면 어떻게 공평하게 일을 처리할 수 있겠습니까?

'첩(妾)'이라는 말은 이미 단어에서부터 '바르지 않다'는 함의를 가지고 있습니다. 이런 사람이 한 번 나쁜 평판을 받으면 주위사람들이 무조건 인정함으로써 그것을 사실로 만들어버립니다.

이런 판국에 누가 감히 이러한 비난을 뚫고 나가 그의 억울함을 풀어주려 하겠습니까? 복덕이 받은 세 가지 혐의들이 모두 그 예입니다. 오직 임금께서 밝은 통찰력으로 억울함을 풀어주셨기에 복덕이 살 수 있게 되었습니다.

신이 오랫동안 유배지 강진에서 살았기에 남쪽 지방의 풍속에 대해 잘 알고 있습니다. 남쪽 지방의 백성들은 무당을 좋아합니다. 가장 용한 무당은 누군가 저주하기 위해 몰래 파묻은 흉물이 어디 있는지 잘 알아맞힌다고 합니다.

무당들은 어느 곳에는 죽은 쥐가 있고, 어느 곳에는 썩은 뼈가 있다고 장담하는데 직접 파보면 예측한 물건이 실제로 나온다고 합니다. 하지만 그런 것들은 우연적으로 있을 수 있는 일이고, 눈속임에 불과할 수도 있습니다.

판관들의 고정관념과 세간의 편견이 문제다

'저주 사건'이라고 불리는 이번 경우는 현대인들로서는 다소 이해하기 어렵다. 누군가를 저주하는 일이 도덕적으로 지탄받을 수는 있지만 법으로 처벌할 수 있을까? 저주 사건이 관아에 접수된 일이나 저주했다고 고발된 사람을 감옥에 가두는 일 모두가 이해하기가 어렵다.

음모를 꾸민 다음에 권력을 가진 자에게 뇌물을 주는 방법으로 한 사람을 함정에 빠뜨리는 일은 예나 지금이나 얼마든지 가능한 일이다. 필시 이번 사건이 그런 경우일 것이다. 다행히 정조 임금의 판단으로 사면이 되었지만 부녀자들의 사악한 흉계로 죄 없는 사람이 억울한 일을 당할 뻔했다.

다산은 이 사건이 성립할 수 있는 배경을 설명해준다. 그것은 바로 다산이 위에 열거한 세 가지 사례에서 보듯이 판관들의 고정관념과 세간의 편견이다. 민사나 형사 사건의 올바른 식견이 아니라 판결에서 자기만의 편견을 가지고 한쪽의 손을 들어주는 경우가 많다고 일갈하는 것이다.

다산은 정실부인과 첩 사이의 다툼이 있는 경우 판결은 사건의 경위와는 관계없이 정실부인에게 유리한 쪽으로 내려진다는 것을 지적한다. 이 사건을 최초 고발한 여인들 역시 이런 점을 익히 알고 있었기에 간계를 꾸며 사건을 성립시키려 했던 것으로 보인다.

이 사건은 '저주'를 핑계로 일어났지만, 사실은 본처의 자녀들과 후처의 자녀들 사이에 벌어진 재산 다툼일 가능성이 크다. 노쇠한 한명주가 그렇지 않아도 정신이 혼미해져서 정상적인 판단을 내리기가 어려운데 갑자기 죽기라도 하면 본처의 자녀들 입장에서는 골치 아픈 일이 벌어진다.

그렇기에 '저주했다'는 얼토당토않은 구실을 붙여 복덕을 비롯해서 서자들을 모조리 제거할 흉계를 꾸민 것이다. 이런 상황은 오늘날 우리 주변에서도 흔히 찾아볼 수 있는 일로 재산을 둘러싸고 벌어지는 집안싸움이 꽤나 오랜 역사가 있음을 알게 한다.

27

고부 갈등,
그리고 자살과 복수

경상도 진주에 사는 복점이란 여인은 어느 집안의 종이었다. 그녀
의 오빠 복순은 두 살 터울로, 두 사람은 어려서 고아가 되어 서로
의지하며 살았다.

그러다 복점이 시집을 갔는데, 시어머니의 심술이 한도 끝도 없
었다. 종종 없는 일을 꾸며 밥을 굶기면서 심하게 야단을 치거나
있지도 않은 일을 만들어 아들에게 고자질을 해서 부부싸움을 하
게 만들곤 했다.

그렇게 어렵게 시집살이를 하며 지내던 어느 날, 복점이 들에 새
참을 이고 나갔다가 저녁밥을 지을 때가 되도록 집에 돌아가지 않

았다. 지은 죄도 없이 허구한 날 야단만 맞는 생활이 죽도록 싫어 이대로 도망치고 싶었지만 갈 곳도 없었다. 그렇게 신세 한탄을 하며 비통해하던 복점은 해질녘 텅 빈 강가를 배회하다가 끝내 강물에 몸을 던져 자살하고 말았다.

여동생이 죽자 눈이 뒤집힌 복순은 너무도 비통한 마음에 복점의 남편과 시어머니를 결박해놓고는 입에 거품을 물고 무지막지하게 폭행을 했다. 이로 인해 시어머니는 8일 만에 죽었다.

그런데 당시 시어머니가 평소에 뜸을 뜨고 약을 쓴 정황이 있어 병 때문에 죽었는지, 아니면 복순의 폭행 때문에 죽었는지가 분명하지 않았다. 따라서 이를 밝히는 것이 관건이 되었다.

* * *

정조 임금은 살인 용의자 복순을 석방하라고 명령했다. 임금이 그렇게 결정한 이유는 두 가지였다. 하나는 이 사건에서 죽은 시어머니가 뜸과 약을 쓴 정황을 볼 때 병이 있었다는 점이 발견되어 정확한 사인이 분명하지 않다는 것이었다.

다른 하나는 오빠 된 입장에서 천지간에 하나밖에 없는 여동생이 시어머니의 괴롭힘을 당하다가 스스로 목숨을 끊자 원수를 갚아 분통함을 씻고자 한 행위라고 본 것이다. 요컨대 살인 행위에 대한 정당성이 인정된다는 판결이었다.

다산이 말하다   원한을 품고 스스로 죽는 사람이 매우 많기에 이런 일로 시어머니를 무조건 탓해서는 안 될 것입니다.

편협한 천성을 지닌 아녀자로서 한순간에 자살을 선택하는 것은 반드시 협박당해 죽은 것으로 볼 수는 없는 일입니다. 말로 서로 싸우고는 원한을 품고 물에 몸을 던지는 사람이 매우 많습니다. 그렇기 때문에 이런 일로 시어머니만 모질다고 해서는 안 될 것입니다.

한편 복순이 때리기만 하고 실제로 살해하지는 않았기에 이 사건은 사인이 명확하지 않습니다. 따라서 임금께서는 판례를 참고하고 형평성에 맞게 하기 위해 그의 목숨을 보전해준 경우라고 볼 수 있습니다.

친족의 원수를 갚는 복수 살인을 용서하는 이유

이러한 사건을 통해, 우리는 조선시대에 고부 갈등이 어느 정도로 심했는지 짐작할 수 있다. 시어머니와의 불화로 마음고생이 심했던 며느리가 자살을 택했고, 비통에 빠진 친오빠가 시어머니와 남편에게 해코지를 했다. 결국 시어머니가 사망에 이른 바람에 살인 사건으로 비화되었다.

조선시대에는 의학과 검시 수준의 한계 때문에 정확한 사인을 밝히지 못하는 경우가 많았다. 이 사건에서도 죽은 여인이 폭행을 당하기 이전에 이미 병을 앓고 있던 정황이 확인되어 정확한 사인이 폭행이 아닐 수 있다는 판단이 내려졌다. 게다가 당시에는 친족의 원수를 갚는 복수 살인에 대해서는 방식이 지나치게 잔인하지 않을 경우에는 대개 죄를 사면해주는 경우가 많았다.

여기서 반대의 경우도 상정해볼 수 있다. 고부 갈등을 심하게 겪던 여동생이 이를 비관하다 스스로 물에 빠져 죽었는데도 오빠라는 사람이 복수는커녕 바보처럼 손을 놓고 있다면 어떻게 될까? 그는 필시 비겁하고 옹졸한 사내라는 세상 사람들의 손가락질을 받으며 치욕과 멸시 속에 살아야 했을 것이다.

오늘날의 법정신과는 거리가 있지만, 부모에 대한 효와 형제간의 우애를 소중한 가치관으로 여기던 유교 사회에서 이런 식의 복수 살인이 용서받는 것은 아주 흔한 일이었다.

28

조선판
유전무죄 무전유죄

호조(戸曹 육조의 하나로 재정을 담당한 중앙관청)에서 북한산성에
파견한 창고지기 서필흥은 양주(楊州) 의정리에 사는 김태명이 환
곡(還穀)[5]을 미납하자 독촉하기 위해 집으로 찾아갔다가 그가 집
에 없자 마당 한쪽에 있던 송아지를 끌고 나왔다.

서필흥이 한참을 가던 중에 공교롭게도 김태명과 마주쳤고, 두
사람은 말다툼을 벌이다가 몸싸움을 하며 서로 멱살잡이를 하게

---

5. 양식이 부족한 흉년이나 춘궁기에 백성들에게 곡식을 대여하고 추수기에 이
를 환수하던 제도.

되었다. 한참을 그렇게 다투던 중에 김태명이 서필흥을 때려눕히고 가슴팍 위에 걸터앉아 그의 몸을 무릎으로 마구 짓찧고는 탈진하여 꼼짝도 못하는 그를 놔두고 송아지를 빼앗아 돌아갔다.

김태명은 집으로 돌아가는 길에 머슴 함봉련을 만났다. 아직도 분이 안 풀린 김태명은 함봉련에게 '저기 가는 놈이 우리 집 송아지를 훔쳤다가 나에게 발각된 도둑이니 가서 흠씬 때려줘라'라고 말했다.

이때 함봉련은 땔나무를 지고 있었는데, 그대로 서필흥에게 달려가서 손으로 밀쳐 밭고랑 아래로 넘어뜨렸다. 잠시 후 서필흥은 비틀비틀 일어나서 집으로 돌아갔다. 하지만 그날 저녁 서필흥은 한바탕 피를 토하고는 아내에게 '나를 죽인 자는 김태명이니 복수를 해달라'고 말하고는 숨을 거두었다. 아내는 즉시 관아로 달려가 고발했다. 시신 검시 보고서에는 이렇게 적혀 있었다.

"가슴 한곳이 검붉은 빛이고 딱딱하며 코와 입이 굳은 피로 인해 막혀버렸다. 그밖에 다친 곳은 없으나 실제 사인은 폭행당해 죽은 것이 분명하다. 주범은 함봉련이고, 증인은 김태명이다. 마을 이장과 가까운 이웃들은 모두 함봉련이 서필흥을 밭에 떠밀어 죽였다고 했다."

하지만 사건의 정황에 석연치 않은 점이 많아 무조건 함봉련을 주범으로 볼 수가 없었다. 그렇게 판결이 차일피일 미뤄지는 동안 시간이 흘러 재판을 시작한 지 12년이 지났는데도 최종적인 판단을 내리지 못했다.

형조참의 정약용이 임금께 올리는 보고서

최종 판결을 내리려면 공인된 증거들이 서로 합치해야 하는데, 이것들이 어긋나면 반드시 문제가 있습니다.

함봉련 살인 사건에 대해 형조 내부의 지배적인 의견은 결코 바꾸지 못하는 결정이라는 뜻의 철안이었습니다. 그래서 저도 임금께 형조의 조사에 따라 최종 판결을 내려달라고 청했었습니다.

그런데 임금께서는 신에게 이 사건을 보다 상세히 다시 살펴보고 보고하라고 분부하셨습니다. 죄인을 불쌍히 여겨 신중히 조사하라는 정신을 본받아서 1차와 2차의 조사 문안을 가져다 사건의 근본을 자세히 살펴보니, 그간의 경위 보고가 역시나 건건이 이치에 어긋나 함봉련에게 원통한 점이 많다는 사실을 발견했습니다.

원래 어떤 사건에 최종 판결을 내릴 때는 세 가지 근거가 있어야 합니다. 하나는 피살자 가족의 진술, 다른 하나는 시신에 대한 검시, 마지막은 공인된 증거입니다. 이 세 가지가 서로 합치하면 그 사건은 의문의 여지가 없지만 세 가지가 서로 어긋나면 그 사건은 아직 규명된 것이 아닙니다.

그런데 함봉련 사건에서 검시 보고와 피살자 가족의 진술이 서로 부합하는데도 증거로 채택하지 않았고, 오로지 김태명이 하는 진술만을 믿고 여기에 이웃들이 하는 이야기를 참고하여 실제 사인을 단정하고 주범을 확정했습니다.

서필홍이 죽기 전에 아내에게 원망한 사람은 김태명이었고, 원수로 여기고 반드시 복수해달라고 말한 대상도 김태명이었습니다. 원래 처음부터 서필홍이 독촉한 것은 김태명의 곡식이었고, 독촉을 이유로 빼앗은 송아지도 김태명의 것이었습니다.

그 마을은 김태명이 정착하여 기반을 다진 곳으로, 이웃들은 하나같이 김태명이 부릴 수 있는 사람들이었습니다. 사건 경위는 마땅히 김태명에게 주의를 집중했어야 함에도 승냥이는 놓아두고 여우를 문초했고, 물고기 잡으려 망을 설치했다가 기러기가 걸려든 것처럼 갑자기 함봉련을 주범으로 삼았습니다.

이것이 어찌 잘못된 일이 아니겠습니까? 하물며 주범을 바꾸는 경우는 시신에 남겨진 상처의 흔적에 달린 일입니다. 서필홍을 짓찧은 것은 김태명의 무릎이고, 밀친 것은 함봉련의 손바닥입니다. 무릎이 닿은 곳이 피살자의 가슴이고, 손바닥이 닿은 곳은 피살자의 등이 아닙니까? 등에는 아무런 상처가 없고 가슴에는 검붉은 상처 자국이 세 치나 남아 있습니다.

하물며 김태명은 짓찧고, 함봉련은 밀쳤는데 실제 사인을 '짓찧음 당함'이라고 하지 않고 '떠밀림'이라고 했습니다. 그러다 유족의 진술과 이웃의 진술에서 때렸다는 말은 없고, 또 몸 어디에도 몽둥이에 맞은 흔적이 전혀 없는데도 갑자기 '맞아 죽음'이라고 바꾸어 적었습니다. 세상에 어떻게 이렇게 허술하게 사건을 처리할 수 있습니까?

사건의 경위서에는 '폭행을 당했다'고만 적혀 있는데 만일 서필홍이 떠밀렸다고 하면 등에 상처 자국이 없는 것이 문제가 되고, 만일 짓찧음을 당했다고 하면 김태명이 죗값을 치르게 되기 때문에 이렇게 모호한 표현으로 서류를 작성한 것이 분명합니다.

지금 이 사건에서 김태명이 증인이 되었는데, 김태명은 애초에 주범으로 고발된 자입니다. 그러므로 김태명은 증인이 될 수가 없습니다. 김태명은 자기 사건의 증인이 되고, 함봉련으로서는 자신의 적인 사람이 증인이 되어버렸습니다. 함봉련에게는 몹시 원통한 일입니다.

게다가 증언했던 이웃은 모두 김태명의 인척이고, 마을 이장 역시 김태명을 지지하고 있습니다. 모든 사람들이 화합하여 이 사건을 왜곡했습니다. 유족의 고발장, 시신 검시에서 드러난 흔적, 보고서들 모두 이치에 맞지 않습니다. 정황과 법리에 비춰볼 때 제대로 수사된 것이 아닙니다.

당장 원통한 부분을 풀어주고 잘못된 부분을 고치려면 김태명과 그 공모자들을 잡아들여 처음부터 샅샅이 다시 조사해야 합니다. 그런 이후에야 이 사건을 명백히 밝힐 수 있습니다.

사건이 일어난 지 이미 10년이 넘게 흘렀고, 조사해야 할 사람들도 생사와 소재를 알 수 없게 되어버렸습니다. 만일 조사할 방법이 없어졌다면 함봉련의 원통함을 풀 방법이 없습니다. 경기 감영에서 재조사하여 보고토록 하는 것이 어떻겠습니까?

* * *

정조 임금은 애초부터 이 사건에 미심쩍은 부분이 많다고 보았다. 그래서 정약용이 형조참의가 되자 특별히 이 사건을 지목하여 재수사할 것을 명했던 것이다.

정약용은 정조의 기대에 부응하기 위해 철저하게 조사에 임했고, 결과를 보고받은 정조는 다산의 의견을 존중하여 함봉련의 사형을 감해주고 유배를 보내라 명했고 김태명은 경기 감영에서 잡아들여 처음부터 다시 엄밀하게 조사하도록 명했다.

당대 최고 수준의 논리와 법의식이 빛나다

위 사건은《흠흠신서》의 〈전발무사(剪跋蕪詞)〉 편에 실린 내용이다. 전발은 촛불의 심지를 여러 번 자른다는 뜻이고, 무사는 하잘 것없는 글이란 뜻이다. 옥사(獄事)를 다룰 때는 촛불의 심지를 자르듯이 신중하게 심리해야 한다는 다산의 생각을 겸손히 표현한 문구이다.

위 보고서만 봐도 정약용의 조사 방법과 사법 행정 능력이 얼마나 출중한지 알 수 있다. 오늘날의 잣대로 보면 당연하게 볼 수도 있지만 당시의 수사와 감찰 수준을 감안해서 보면 정약용의 논리와 법의식은 당대 벼슬아치 중에서 매우 높은 수준임을 짐작게 한다.

보통의 지방 수령들은 이런 정도의 능력을 갖추지 못했고, 그로 인해 특히 살인 사건 같은 경우 제멋대로 판결하는 바람에 무고한 백성들이 죽거나 유배를 가는 일이 많았다.

정약용이 이 사건을 처음 맡았을 때 형조의 지배적인 견해는 철안이라는 것이었다. 증인의 증언과 이를 뒷받침하는 증거가 모두 확정된 사건이라 번복하기가 불가하다는 뜻이다.

정약용은 이에 이의를 제기했다. 이를테면 오늘날 검찰에서 수사가 다 끝난 상태이고 범인이 확정된 단계에서 새로운 검사가 나타나 이 수사는 의심의 여지가 많으니 재수사해야 한다고 말하는 상황과 같다.

조선시대에는 이 사건에서처럼 권력과 돈이 있는 사람은 증언을 조작하고 증인들을 돈으로 사서 자신에게 유리하게 판결을 받는 일이 비일비재했다. 이와는 반대로 권세와 돈이 없는 사람은 억울한 누명을 쓰고 살인범으로 몰려 죽임을 당하는 경우도 흔했다. 과학적 수사 기법이 턱없이 부족한 상황인데다 이른바 '유전무죄, 무전유죄' 현상이 극심한 세상이기에 벌어지는 현상이었다.

다산은 이 사건을 다각도로 분석하고 의심스러운 부분을 세밀하게 조사하여 허술한 부분이 많다는 사실을 밝혀냈다. 애초부터 조사가 잘못되었다는 사실을 지적하는 일은 해당 조사관들이 징계를 받을 수 있고, 그것은 곧바로 다산에게 원망의 화살로 돌아올 수 있기에 무척 조심스러운 일이었다.

하지만 다산은 일말의 망설임도 없이 잘못된 점을 찾아내어 판결의 오류라고 날카롭게 지적했다. 모두 함봉련을 주범으로 특정하여 사건을 마무리했지만 다산이 사건을 원점으로 돌려 그의 억울함을 풀어주고 사형을 면하게 도운 것이다. 돈과 권력이 없는 약자를 보호하고 법질서를 세우려는 정조와 다산의 의지를 엿볼 수 있는 사건이다.

5장
—
법이란 억울한 백성을
살리는 것이다

29

엽전 두 닢 때문에
살인을 저질렀다

황해도 해주에 사는 신착실은 엿을 팔아 하루하루 근근이 생계를
유지하는 엿장수였다. 그런데 같은 마을에 사는 박형대가 신착실
에게 엿 2개를 외상으로 사먹고는 돈을 주지 않았다.

연말이 되자 신착실이 박형대의 집을 찾아가 외상값을 달라고
독촉하자 박형대가 오히려 화를 내며 갚을 생각을 하지 않았다. 한
참을 서로 말다툼을 하다가 잔뜩 화가 난 신착실이 손으로 박형대
의 가슴을 밀쳤다.

그런데 박형대가 벌렁 넘어지는 과정에서 하필이면 뒤에 놓여
있던 지게의 뿔이 엉덩이의 한가운데를 찌르고 말았다. 지게의 뿔

은 그대로 항문을 통과하여 복부를 관통했고, 박형대는 그 자리에서 즉사하고 말았다.

**다산이 경연에서
임금께 직접 아뢰다**
그 일은 사람이 고의로 할 수 있는 일이 아닙니다. 죄인에게 사람을 밀친 죄는 있어도 죽이려는 의도는 없었습니다.

정조 임금 재위 22년(1798) 가을에 제가 해주에 도착하니 도내의 여러 수령들이 부용당에 모여서 '이 죄수는 엽전 두 닢 때문에 살인을 저질렀으니 사형을 면하기가 어려울 것'이라고 말했습니다. 하지만 저는 사건의 정황을 자세히 듣고 반드시 그렇지는 않다고 생각했습니다.

다음해에 형조에서 살인 사건을 일으킨 범죄자에 대한 처벌에 관해 논의하다가 문득 생각나는 일이 있어 경연에서 다음과 같이 임금께 아뢰었습니다.

"해주 신착실 사건은 제대로 다시 의논해봐야 합니다. 본래 지게의 뿔은 곧지 않고 비스듬하며, 항문의 구멍은 은밀한 곳에 있습니다. 그럼에도 지게의 뿔이 엉덩이의 한가운데를 찔렀다는 것은 공교롭게도 서로 충돌한 것으로 봐야지 사람이 고의로 할 수 있는 일이 아닙니다. 신착실은 사람을 밀친 죄는 있지만 죽이려는 의도는 없었습니다."

* * *

정조 임금은 정약용의 의견을 받아들여, 과오로 죽인 경우와 뜻하지 않게 죽은 경우에 처벌을 낮춰주는 원칙에 따라 신착실의 사형을 면해주고 유배를 보낼 것을 명했다.

정약용의 백성을 대하는 마음

이 사건에서 여러 수령들은 신착실이 사형을 면하기 어려울 거라고 전망했지만, 결과는 완전히 달랐다. 정조 임금이 정약용의 의견을 적극 수용한 것이다. 이를 보고 단순히 정조가 다산을 편애한 것이라고 보는 견해는 옳지 않다. 오히려 정조는 다산이 가진 형정(刑政)의 전문성을 인정하고 그의 논리를 높이 평가한 것으로 봐야 할 것이다.

　다산은 중범죄를 지은 자들에 대해서는 법률이 정한 바에 따라 엄중하게 책임을 물어 사회 기강을 유지해야 한다는 신념을 가지고 있었다. 그러나 이것은 권문세가의 범죄를 단죄할 때나 인간으로서 용납할 수 없는 죄를 지은 자들에게만 적용될 뿐, 죄 없는 백성이 억울하게 누명을 쓰고 죽음으로 내몰리는 상황을 보면 어떻게든 그것을 바로잡으려고 했다.

신착실에게 사람을 밀친 죄는 있지만 죽이려는 의도는 없었다는 한 마디로 사건을 결말지은 다산의 모습에서 문제의 본질을 한눈에 꿰뚫는 혜안과 비천한 백성일지라도 한 사람의 인간으로 대우하는 인본주의적 정신을 발견하게 된다.

다산이 《흠흠신서》를 지은 이유는 백성들에 대한 '흠휼(欽恤)'의 정신이 있었기 때문이다. '흠(欽)'은 굽히고 공경하다는 뜻이고, '휼(恤)'은 가엾이 여겨 돌본다는 뜻이다. 아무리 비천한 백성이라도 흠휼의 정신으로 대하는 인본주의가 《흠흠신서》를 지은 배경이라는 뜻이다. 그렇게 보면 《흠흠신서》는 정약용이 평생을 통해 구현하려 했던 생명 존중 사상의 산물이라고 해도 과언이 아닐 것이다.

다산은 어떻게 백성들에 대해 이런 마음을 갖게 되었을까? 다산은 28세이던 1789년에 과거에 급제한 이후 10여 년 넘게 정조의 각별한 총애를 받으며 예문관 검열, 사간원 정언, 홍문관 수찬, 경기 암행어사, 황해도 곡산 부사, 동부승지, 형조참의 등을 두루 역임했다.

타고난 역량과 남다른 책임의식에 전문성까지 갖춘 다산인지라 누구보다 높은 자리에 오를 것 같던 벼슬길이었지만, 불행하게도 그리 오래가지 못했다. 그의 집안이나 가까이 지낸 사람들 중에 천주교와 긴밀한 관계를 맺은 사람이 많았기에 그 또한 반대파들의 모함에 시달려야 했던 것이다. 그때마다 다산은 천주교와 무관함을 주장했으나 끝내 40세였던 1801년에 유배를 떠나게 됨으로써 정치인으로서의 삶을 끝내게 되었다.

그가 처음 유배 생활을 하게 된 곳은 경상도 장기(長鬐 현재 포항시에 편입)라는 곳이었다. 이후 전라도 강진으로 옮겨 도합 18년의 시간을 보내게 된다. 그 오랜 세월 동안 그가 직접 목격하고 체험한 백성들의 쇠락하고 피폐한 삶은 그에게 조선의 개혁에 대해 붓을 들어 쓰지 않으면 안 되게 만들었다.

그리하여 다산은 조선의 정치 제도 전반에 대한 개혁안(경세유표), 지방 관리들의 폭정을 바로잡을 수 있는 지침(목민심서), 그리고 형법과 법 행정, 살인 사건의 판례와 그에 대한 비평(흠흠신서)을 담은 책들을 차례로 발표함으로써 조선 사회에 신선한 충격을 던졌다.

'1표2서'라 불리는 이들 3권의 책의 공통된 주제는 두말할 것도 없이 일반 백성들에 대한 흠휼 정신, 달리 말해서 인본주의라고 할 수 있다. 그런 정신이 바로 다산 정약용을 후대 한국인들이 가장 존경하는 인물의 한 사람으로 꼽는 이유일 것이다.

30

미성년자의 살인,
어떻게 처벌할까?

황해도 재령에 사는 열한 살짜리 소년 김석봉이 어느 날 들에서 소를 타고 자기보다 두 살 위인 강와정의 집 앞에까지 왔다. 그들은 평상시에 서로 친하게 지내는 사이였다. 얼마 안 있어 손에 장대를 들고 있는 강와정이 나와서 소에 올라타고 있는 김석봉과 두런두런 이야기를 나눴다.

 그러던 중에 강와정이 장대로 소의 등을 툭툭 치며 장난을 쳤는데, 소가 깜짝 놀라서 펄쩍 뛰었고 무방비상태로 앉아 있던 김석봉은 그대로 땅에 떨어져 죽고 말았다. 사망 원인은 내장이 크게 손상된 것이었지만, 뇌진탕도 이유의 하나였다.

이에 김석봉의 아버지 김수백은 강와정을 관아에 고발하여 책임을 물었다. 김수백은 강와정이 함부로 장대를 휘둘러 소를 놀라게 했고, 그 과정에서 김석봉이 떨어져 죽은 것이니 강와정을 엄하게 처벌해야 한다고 주장했다. 느닷없이 아들이 죽었으니 김수백의 심정도 충분히 알 만했다.

문제는, 이를 증명할 증인이 없고 설령 사실이라 할지라도 고의적으로 상해를 입히려고 한 일이 아니었기에 이 사건은 그냥 아이들끼리 '장난을 치다가 죽은 사건'으로 보고되었다.

* * *

이 사건에 대해 아이들끼리 '장난을 치다가 죽은 사건'이라는 것이 조사관들이 내린 결론이지만, '과실(過失)'로 인한 죽음이라고 보는 견해도 있었다. 고의는 아니었지만 어찌 되었든 사람을 죽게 했으니 벌은 받아야 한다는 뜻이다.

하지만 당시의 법은 15세 미만인 아이가 사람을 죽인 경우에는 사형 아래의 형벌로 감하여 처벌하는 것이 관례였다. 더구나 이 사건은 김석봉이 어쩌다가 말에서 떨어졌는지, 그리고 소가 놀라서 펄쩍 뛰게 된 원인이 무엇인지 모두 확실치 않았다.

이 사건에 대한 최종 판결은 기록이 없어 알 수 없지만 증거가 불충분하고 피고가 열세 살이라는 점, 그리고 두 집안 사이에 특별한 원한이 없었다는 점을 볼 때 아마도 극형은 면했을 것으로 추측해볼 수 있다.

다산이 말하다 가만히 있던 소가 아이가 바닥으로 떨어질 정도로 펄쩍 뛰었다면, 둘 사이에 보통 이상의 동작이 있었을 것입니다.

조사 보고서를 보면 '장난을 치다가 죽은 사건'이라고 되어 있는데, 제가 보기에 이 사건은 그저 아이들이 장난을 치다가 일어난 죽음이라고 보기는 어렵습니다.

가만히 있던 소가 아이가 바닥으로 굴러 떨어질 정도로 펄쩍 뛸 정도라면, 분명히 아이들 사이에 보통 이상의 동작이 있었을 것입니다. 따라서 이 사건에 대해서는 '서로 다투다 죽은 사건'이라고 불러야 마땅합니다. 다만 범죄인이 15세 미만의 아이이기 때문에 사면을 해주거나 형벌을 낮춰주는 것입니다.

15세 이하 미성년자의 살인은 처벌하지 않았다

조선시대에는 미성년자에게는 사형을 집행하지 않았다. 관례(冠

禮)를 하는 나이인 15세를 기준으로 성인으로 보았기 때문에 그 이하인 아이가 살인을 하게 되더라도 사면을 해주거나 감형을 하는 것이 관행이었다.

관례는 조선시대에 남자들의 성인식에 해당하는 유교 의례로, 사내아이는 15세가 넘으면 관례를 행하고 이때부터 한 사람의 성인으로 대우했다. 남자는 상투를 틀어 갓을 씌우는 의식을 치렀고, 여자는 쪽을 찌고 비녀를 꽂아주는 의식을 거쳤다.

이런 상황임에도 김석봉의 아버지가 열세 살 아이인 강와정을 관아에 고발한 것은 멀쩡했던 아들이 한순간에 죽자 원통하고 분하여 그런 것으로 보인다.

31

음주 살인 사건의
결말(1)

경상도 고성(固城)에 사는 천봉기와 조중달은 소를 사고팔아 먹고
사는 소거간꾼이었다. 두 사람은 오랫동안 한 시장에서 일하며 서
로 호형호제하고 지내는 사이였다.

어느 날 함께 술을 마시던 중에 돈 문제로 말다툼을 벌이다 몸싸
움이 일어났고, 몸집이 큰 천봉기가 홧김에 조중달의 위로 올라타
무릎으로 늑골을 누르고 목을 조르는 등 폭행을 가하여 부상을 입
혔다. 그러다가 두 사람은 화해를 했고, 천봉기가 조중달에게 좋은
술을 구해 선물하고 병문안도 하면서 각별히 돌보았다.

하지만 시름시름 앓던 조중달은 8일 후에 숨지고 말았다. 검시

를 해보니 오른쪽 늑골과 목이 자줏빛이고 딱딱했다. 그렇다는 것은 늑골과 목 부분을 심하게 눌린 것이 일차적인 사망 원인이라는 뜻이었다. 경상도 관찰사는 취중에 일어난 싸움이지만 증거가 되는 상처가 너무도 확연해서 비록 고의성은 없을지라도 용서해줄 수 없다고 보았다.

그런데 사건을 형조에 올리는 과정에서 시간이 너무 지체되자 천봉기가 돌연 취중에 장난을 치다가 생긴 일일뿐 절대 폭행은 없었다고 주장하기 시작했다. 술에 취해 엎치락뒤치락 장난을 하다가 벌어진 일로 조중달의 죽음은 전혀 예상 밖이라는 변명이었다. 이에 형조는 천봉기가 구차한 핑계를 대며 법망을 피해가려 한다는 의견을 붙여 정조에게 보고했다.

* * *

정조는 천봉기에게 불리한 형조의 의견에도 불구하고 이 사건을 술에 취한 상태에서 일어난 우발적인 사건으로 보았다. '우발적(偶發的)'이라는 말은 현대 형법에서도 자주 등장하는데, 사전적 해석은 예기치 않게 우연히 일어났다는 뜻이다.

두 사람의 싸움에 대해 정조는 조중달이 다툼 중에 덩치가 큰 천봉기의 힘에 눌렸고, 밑에 깔린 상태에서 억지로 일어나려다 보니 더욱 큰 압박이 가해져서 운 나쁘게 죽은 것으로 판단했다.

요컨대 조중달이 죽은 것은 사람이 그렇게 한 것이 아니라 술이 그렇게 만든 것이고, 그마저도 우발적으로 일어난 일이니 천봉기를 살인죄로 처벌할 수 없다는 것이었다. 따라서 정조는 천봉기에게 형장을 친 후 석방하라고 명령했다.

다산이 말하다 술을 마시기 시작할 때로 돌아가 보면, 자기가 원해서 술을 마신 것이므로 어찌 고의적인 범행이 아니겠습니까?

《주례》에서 삼사(三赦)[6]에 대해 논하는 내용을 보면, 미친 사람을 용서하는 이유는 정신이상자이기에 사리를 분별할 수 없기 때문이라고 했습니다. 하늘이 높은 줄도 모르고, 땅이 두터운 줄도 모르고, 아버지를 왜 존경해야 하는지도 모르고, 형이 어른인지도 모르고, 오로지 좌충우돌하면서 목석과 같은 상태이기 때문에 법을 처음 제정할 때부터 그런 사람들에 대해서는 용서해주고 처벌하지 않았습니다. 이것은 천리를 헤아리고 인정을 살펴서 만물의 조화를 이루려는 의도에서 그렇게 한 일입니다.

술에 취해 벌인 난동은 일시적으로 미친 상태의 행동이고, 술에

---

6.   어린이, 노인, 미친 사람에 대해서는 죄를 용서해주는 법.

취해 있을 때는 천지도 분간을 못하고 부모도 못 알아보기 때문에 정말로 미친 사람과 흡사합니다.

하지만 《주례》에는 술에 취해 벌인 난동에 대해 용서해야 할 사항을 어디에서도 찾아볼 수 없습니다. 미친 병은 하늘이 내린 재앙인데 반해 술에 취해 벌인 난동은 스스로 만든 재앙이기 때문에 용서해줄 수 없다는 뜻입니다.

이미 술에 취한 후에는 비록 자유 의지대로 행동하지 못했다고 하더라도 술을 마시기 시작할 때로 돌아가 생각해보면 자기가 원해서 술을 마신 것이므로 어찌 고의적인 범행이 아닐 수 있겠습니까? 자신이 원래 술기운을 이겨내지 못한다는 것을 안다면 마땅히 음주를 절제하여 죄를 멀리하도록 해야 하는데, 도리어 욕망을 쫓다가 잘못을 저지르고 말았으니 마땅히 벌을 받아야 합니다.

임금이 형벌을 제정한 까닭은 악인을 미워할 뿐만 아니라 만백성에게 엄한 법을 보여주어 이렇게 하면 반드시 처벌을 받는다는 사실을 알게 하려는 뜻입니다. 미친 사람을 벌주는 것은 만백성에게 경각심을 심어주기에 적당하지 않기 때문에 성왕들은 그런 자는 용서하되 술에 취해 난동을 부리는 자에 대해서는 결코 용서하지 않았습니다.

또한 하나의 사건에 어떤 사람은 사형을 받고 어떤 사람은 용서를 받는 경우가 있는데, 죄를 지은 것은 매한가지이면서도 죽고 사는 것이 단지 운수에 따라 이랬다저랬다 한다면 앞으로는 이로부터 사건을 처리하는 법이 엄하지 않게 되어 후세 사람들을 옳은 길로 인도할 수 없게 되지 않을까 염려됩니다.

관용적인 정조와 엄정함을 강조한 정약용

정조 임금은 술에 취해 벌인 중범죄에 대해 사람 탓이 아니라 술 탓이라고 보고 용서해주는 경우가 많았다. 이 사건에서는 시신에 남은 상처가 너무도 명확해서 폭행의 고의성이 드러났고, 따라서 관찰사와 형조 모두 살인자를 용서해서는 안 된다는 입장을 표명했음에도 정조 임금은 모든 게 술 탓이라며 정상을 참작하여 용서해주었다.

이에 대해, 다산이 자세하게 반대 의견을 개진하고 있다. 다산은 술에 취한 사람은 자신이 술에 약하다는 사실을 잘 알고 있으면 스스로 절제해야 하는데도 그러지 않고 과음을 하여 분별력을 잃은 것이므로 고의성이 다분한 것이라고 보았다. 또한 술에 취한다는 것은 일시적으로 분별력을 상실한 것이기에 미친 사람의 죄를 용서하는 것과는 다르다고 말했다.

아울러 다산은 정조의 지나치게 관용적인 사법 처리에 이의를 제기했다. 법이 공정하지 않고 일관성도 없는 등 엄격함을 잃어버리면 앞으로 누가 법을 두려워하겠는가? 이것이 공정한 법집행을 위해 던지는 다산의 물음이었다.

정조가 재위 기간(1777~1800) 동안 직접 사건을 검토하여 판결을 내린 살인 사건은 총 1,112건인데, 그중에 70%에 달하는 사건에 감형이나 석방의 판결을 내렸다. 정약용은 법집행에 이런 식의 과도한 온정주의가 개입되면 사회 기강이 해이해진다고 보고 법이 지녀야 할 엄정함을 잃어서는 안 된다는 점을 강조했다.

32

음주 살인 사건의
결말(2)

평양에 사는 강귀동이 어느 날 저녁 무렵에 주막에서 술에 취해 아
내를 마구 때렸다. 강귀동은 여기서 그치지 않고 이를 뜯어말리는
장인에게도 함부로 굴며 패악질을 계속했다. 사실 그는 술만 먹으
면 아무 데서나 이렇게 험하게 구는 경우가 많아 행패가 시작되면
동네 사람들이 슬슬 피하곤 했다.

　하지만 오늘은 강귀동이 너무 심하다 싶었는지 옆에서 술을 마
시고 있던 동네 사람 이대성이 와서 말렸다. 그때 주막에는 강귀동
의 가족과 이대성, 그리고 그의 형인 이기동 등 다섯 사람만이 있
었다.

평소에 강귀동은 이대성에게 원한이 없었지만 주제넘게 개입을 한다는 생각에 한층 화가 났고, 당장 두 사람 사이에 시비가 붙었다. 이때 이대성의 형 이기동이 와서 다시 강귀동을 제지하기 시작했는데, 형제가 자기를 깔본다고 여긴 강귀동이 주변에 있던 낫을 집어 들고 다짜고짜 이기동을 찔러 죽였다.

그런데 문제가 생겼다. 사건의 진상이 너무도 명백한데도 강귀동이 살인 혐의를 돌연 이대성에게 떠넘겼던 것이다. 이대성이 자기를 찌르려다 잘못해서 형을 찔렀다는 게 강귀동의 말이었다.

조사관들은 애초부터 동생이 형을 찔렀을 가능성이 없으니 강귀동을 유력한 용의자로 보고 조사를 계속했지만, 그가 범행을 극구 부인하며 한사코 이대성의 짓이라고 주장하자 수사가 난항을 겪기 시작했다.

목격자인 강귀동의 아내와 장인이 입을 다물고, 사건 당시 자기 방에서 바느질을 하고 있던 늙은 주모는 흐릿하게 밖에서 다투는 소리를 들었지만 무엇 하나 목격한 게 없으니 쓸모가 없었다. 평안도 관아에서는 갈피를 잡지 못하고 우왕좌왕하다가 형조로 사건을 이관했다.

* * *

정조 임금은 강귀동을 살인자로 지목하긴 했지만, 두 가지 이유로 석방해준다. 하나는 술로 인해 인사불성인 상황에서 저지른 살인으로 고의성이 없었다는 것이다. 다음은 정조의 말이다.

당시의 광경을 상상하고 사리를 참작해보면, 그날의 행위가 진정 술 때문이지 사람이 나빠서 그런 것은 아니었다고 본다. 강귀동이 만취하여 자기 아내를 때리고, 또한 장인을 멸시한 것만 봐도 그가 지나치게 취한 나머지 마치 미친 듯이, 바보가 된 듯이 인사불성이 되어 눈앞의 사람이 누군지 모르고, 수중의 낫이 무엇인지도 분간하지 못했다는 것을 미루어 짐작할 수 있다. 이기동이 이런 때 갑자기 끼어들었다가 낫에 찔려 죽은 것은 불행한 일이라 볼 수 있다. 그러나 이것이 어찌 인간의 본심에서 나온 것이겠는가? 사람을 미치게 하는 술이 저지른 일이다.

정조가 강귀동을 석방한 또 다른 이유는 사건 현장을 목격한 증인이 없다는 점이었다. 다음은 사건을 판결하는 데 있어 증언의 중요성에 대해 정조가 말한 내용이다.

살인 사건이 성립되어 목숨으로써 그 죗값을 치르게 하는 것은 의심의 여지가 없는 일이다. 다만 살인 사건에 대한 형사적 판결은 지극히 엄격하고 중대해야 한다. 설령 사망 원인이 분명하더라도 반드시 증언이 갖추어지기를 기다리는 것이 법을 제정한 취지이니 어찌 최선을 다하지 않을 수 있겠는가?

다산이 말하다 술에 취해 저지른 살인은 매우 큰 죄이고, 흉기를 휘둘러 살인했다면 사형을 피할 수 없는 더 큰 범죄입니다.

살인은 크나큰 죄입니다. 취기로 인해 살인을 저질렀다면 그것은 오히려 더 큰 죄이고, 직접 칼로 베어서 살인한 것은 더더욱 용서할 수 없는 크나큰 죄입니다. 거듭 살펴보아도 신(臣)은 강귀동을 살려줄 방법이 없다고 생각합니다.

백성의 마음을 승복시킬 판결을 내려야

현대 형법에 '죄형법정주의(罪刑法定主義)'라는 것이 있다. 이것은 '법률이 없으면 범죄도 없고 형벌도 없다'는 근대 형법의 기본 원리로, 어떤 행위를 범죄로 처벌하려면 그 범죄와 그에 대한 형벌이 반드시 법률로 정해져 있어야 한다는 것이다.

범죄가 성립되려면 반드시 필요한 것이 범죄 사실을 뒷받침하는 증거이다. 이는 국가의 형벌권 남발로부터 시민의 자유와 권리를 보호하려는 인권 사상에 따른 원칙이다. 정조 임금은 바로 이러한 시각으로 판결에 임하고 있음을 볼 수 있다.

'증언이 갖추어지기를 기다린다', '최선을 다한다', '백성의 마음

을 승복시킨다' 같은 말은 정조 임금의 표현이다. '증언이 갖추어
지기를 기다린다'는 것은 명백한 증언과 증거 없이는 함부로 판결
할 수 없다는 뜻이다.

'최선을 다한다'는 말은 판결에 의해 억울한 자가 나오지 않도록
할 수 있는 모든 노력을 경주하여 조사하고 판결한다는 것을 말한
다. '백성의 마음을 승복시킬 수 있다'는 말은 어떤 사건의 판결이
백성들이 보기에 납득할 수 있어야 한다는 것을 말한다.

왕의 판결에 의해 주범이 확정되고 사형을 받아 사람이 죽는 과
정에서 판결이 백성들의 눈에 납득할 수 없어서는 절대 안 된다.
그러면 백성들이 나라의 법을 신뢰하지 않게 되고, 나아가 왕에 대
한 믿음도 사라지게 된다.

위 사건에 대한 정조의 판결은 다소 의외다. 사건의 진상이 명백
한데도 증언이 갖추어지지 못했고 음주로 인한 범죄인데다 고의
성이 없다는 이유로 살인범을 용서하는 판결을 내렸기 때문이다.

사건의 정황이 분명한데도 증언이 갖추어지지 않으면 사형을
내리지 않는 당시의 법체계를 통해, 우리는 이를 역이용해서 자기
목숨을 보존하는 악인이 많았을 것으로 추정하게 된다.

다산은 여기에 이의를 제기한다. 다산의 생각은 단호하다. 술에
취해 저지른 살인은 매우 큰 죄이고, 직접 흉기를 휘둘러 살인한
경우에는 사형을 피할 수 없는 더 큰 범죄라는 것이다.

지나친 음주로 인한 범죄 행위에 대해 뜻밖에도 관대한 판결을

내린 정조를 보며 당시의 음주 문화에 대한 습속을 엿볼 수 있다. 여기에 더해서 우리나라에서 얼마 전까지만 해도 음주 운전으로 인한 인명 사고에 대해 지나치게 관용적인 판결을 내렸던 일들이 떠오른다.

지금은 '윤창호법[7]'이 생겨 예전보다 강화되기는 했지만, 그렇더라도 하루가 멀다 하고 터지는 음주 운전 사고는 어쩌면 술에 의한 사고에 대해 지나치게 관대한 전통이 있기 때문이 아닐까 생각하게 된다.

지나친 음주로 사고를 낸 사람에게 '심신 미약'이라는 구실로 처벌을 경감해주는 관행을 보며 정약용이 술로 인한 범죄 행위에 단호한 입장을 취한 태도가 더 큰 울림으로 다가온다.

---

7. 2018년 9월, 음주 운전자가 몰던 차에 치여 숨진 윤창호 씨의 사망을 계기로, 음주 운전자에 대한 처벌 수위를 올리고 음주 운전 기준을 강화한 내용의 법안.

33

한증막 사망 사고의
비밀

황해도 신천(信川)에 사는 최특적이 자기 집에서 머슴살이를 하는 엽상에게 돈을 빌려주었다. 주인과 머슴 사이라고는 하나 두 사람은 원래 사이가 좋았다. 그런데 나중에 최특적이 엽상에게 빚 독촉을 하다 싸움이 났고, 최특적이 주먹으로 엽상의 얼굴을 수차례 때렸다.

엽상은 이렇게 얻어맞고 돌아간 후에도 멀쩡히 걸어 다니고 집에서 방아를 찧는가 하면 마을에서는 부역(賦役)에 나가 일도 했다. 사나흘이 지난 다음에 엽상은 최특적과 마주앉아 술도 나눠 마시며 화해도 했다.

그런데 이게 웬일인가? 여드레쯤 지나자 몸에 돌연 독기가 번지기 시작하더니 살갗이 붓고 목젖까지 파란 빛이 번졌다. 엽상은 몸이 너무 아파서 하루에 두어 차례씩 한증막에 들어가서 몸조리를 했다. 하루는 찬바람이 쌩쌩한 바깥에서 한증막 안으로 곧장 들어가 솜바지를 벗었는데, 갑자기 뜨거운 열기에 노출된 탓인지 숨을 헐떡이다가 숨이 멎고 말았다.

최특적한테 구타를 당한 지 열흘 만에 죽은 것이기에 엽상의 가족들은 그에게 얻어맞은 것이 원인이라며 관아에 고발했다. 이 사건은 정말 최특적의 구타에 의해 사망한 것인지, 아니면 한증막에서 몸조리를 잘못해서 죽은 것인지가 해결의 관건이었다.

* * *

이 사건은 3년 동안 결론을 내지 못했는데, 그러자니 물증도 증인도 하나둘 사라지게 되었다. 폭행을 당한 즉시 사망했다면 몰라도 열흘 동안 멀쩡하다가 죽었으니 이 또한 폭행이 사망의 직접적인 원인으로 보기 어려웠다.

정조 임금은 최특적이 폭행 후에 엽상과 마주앉아 술자리를 가졌다는 점으로 미루어 죽이려는 의도는 없었다고 보았다. 게다가 살인 용의자로 감옥에 갇힌 상태로 조사를 받는 최특적의 나이가 70세 고령으로, 도저히 사람을 때려죽일 정도라고 보기 어려웠다.

정조 임금은 이런 점을 참작하여 석방할 것을 명령했다.

다산이 말하다　한증을 하다가 갑자기 죽는 사람이 계속 있어왔는데, 폭행당한 지 열흘 만에 죽었다 하니 그것이 원인은 아닐 것입니다.

평안도, 황해도, 함경도에는 한증을 하는 풍속이 있습니다. 이 풍속은 예맥(濊貊 고대 만주지역에서 터전을 두었던 종족)에서 유래된 것으로 땅을 파서 움을 만들고 돌을 깔아서 상판을 만든 다음, 구들을 만들어서 장작을 섞어 피우면 쇠를 녹일 정도로 뜨겁습니다. 흙집은 견고하고 치밀하여 조금의 틈도 없습니다.

병이 있는 사람이 여기에 들어가서 흠뻑 땀을 낸 다음에 차가운 샘물에 들어가면 정신이 맑아지고 개운해져서 병이 씻은 듯이 낫습니다. 때때로 노약자들은 한증막에 들어가 너무 뜨거운 열기를 참다가 죽는 경우도 있지만 워낙 효험이 있다 보니 한증 풍속이 사라지지 않습니다.

예전부터 한증을 하다가 갑자기 죽는 사람이 줄곧 있어왔는데, 아마도 조사관은 한증에 대해 잘 모르는 사람인 것 같습니다. 만약 폭행을 당한 직후에 한증막에 들어가 찜질을 하다 죽었다면 한증의 효과를 보지 못할 만큼 심한 내상이 있었던 것은 아닌지 의심해

봐야 하지만, 폭행을 당한 지 열흘이 지났다 하니 직접적인 연관은 없다고 봐야 할 것 같습니다.

판결에는 풍속에 대한 이해와 지식이 필요하다

다산은 이 사건에서 북쪽 지방의 한증막 찜질 풍속에 대해 집중하여 사건의 진상에 접근한다. 오늘날 찜질방은 휴식의 장소이자 레저 문화의 하나지만 조선시대에 특히 북쪽 지방에서는 병을 치유하는 장소로 쓰였음을 엿볼 수 있다.

다산은 찜질을 통한 치료가 때로는 노약자들에게 생명의 위협이 되기도 한다는 점을 강조한다. 다산은 한증막의 찜질을 통해 사람이 죽는 일이 많다는 사실을 알고 있기에 엽상이 단지 폭행을 당해서 죽은 것만은 아니라고 본 것이다.

이는 사건을 판결하는 데 있어 풍속에 관한 이해와 지식이 중요하다는 점을 보여주는 일화다. 또한 지방 수령들이 지역에 따른 전통이나 문화, 풍속에 대한 지식과 정보가 없이 잘못된 판결을 내리는 것에 대한 다산의 비판 의식도 엿볼 수 있다.

최특적 폭행 치사 사건은 조선의 사회상의 일면을 보여준다는 점에서 흥미를 끈다. 먼저 노비 신분인 엽상이 자신의 주인인 최특적에게 돈을 빌리는 일이 가능했다는 점이 흥미롭다. 여기다 돈을 빌려준 채권자 입장에서 채무자인 노비에게 빚을 갚으라고 독촉하는 장면도 흥미롭다.

조선에서 노비는 주인에게 하나의 재산으로 물건처럼 사고팔 수 있었다. 하지만 이 사건에서 드러난 것처럼 아무리 천한 노비 신분이라 해도 함부로 생명을 빼앗을 수는 없었다.

조선시대 같은 신분제 사회에서 가장 취약한 계급이던 노비가 피살된 사건에 대해 신중하게 조사를 하고 국왕이 직접 나서서 최종 판결을 내렸다는 사실에서 조선시대 사법 체계가 약자를 보호하는 장치로도 작동했음을 엿볼 수 있다.

34

만들어진 사건의
수혜자는 누구인가?

황해도 연안에 사는 강은석은 산에서 노역을 하고 있었는데, 일을 하다가 술을 마시고 배부르게 밥도 먹었다. 여러 사람이 함께 모여 이런저런 이야기를 나누던 중에, 그가 계미(契米)[8]를 내지 않은 이유로 동네 사람들과 말다툼이 벌어졌고 강은석이 술김에 말실수를 하자 신상손이란 자가 손에 잡히는 몽둥이로 한 대 후려쳤다. 쓰러진 강은석은 다음 날 죽고 말았다.

---

8. 조선시대의 사회 자치 조직인 계(契)에서는 상호 부조를 도모하기 위해 곡물이나 물품을 함께 내는데, 계미는 물품을 쌀로 내는 것을 의미함.

하지만 이 사건은 공론화되지 않고 아무런 조사 없이 조용히 묻히는 듯했다. 그러다 시신을 매장한 지 3개월 만에 누군가 의혹을 제기하자 관아에서 강은석의 사체를 무덤에서 파내어 검시를 실시했다.

매장한 지 3개월이나 지났고 여름이었기 때문에 부패가 심했지만 뒤통수 쪽에 다친 자국이 선명하게 남아 있었다. 게다가 그 부분만 썩지 않고 딱딱하게 굳어 있어 흉기에 얻어맞은 흔적이 분명히 보였다.

그러나 황해 감영에서 벌인 조사에 의하면 강은석이 스스로 넘어진 것이라고 증언하는 사람이 여럿 있었다. 그런 연유로 사건 조사가 지연되며 흐지부지되는 듯하다가 결정적인 증인이 나타났다.

사건을 직접 목격한 사람 중에는 신상손과 가까운 친척인 신복손이 있었다. 신복손은 그날의 광경을 본대로 실토했고, 한마을에 사는 박후전이라는 자도 같은 진술을 했다. 이들은 신상손이 사용한 흉기가 회(灰)[9]를 반죽하는 절굿공이였다고 증언했다. 신상손은 즉시 체포되어 감옥에 갇혔으나 억울하다며 끝까지 자백하지 않았다.

---

9. 진흙에 짚 또는 재를 섞어 반죽한 것으로 벽을 바르거나 부뚜막 등을 칠하는 데 쓰임.

                    * * *

정조 임금은 처음부터 이 사건에 의구심을 품었다. 첫째, 검시 결과 제시된 상처와 범행 도구라는 절굿공이가 일치하지 않았다. 보고된 흉기로는 그렇게 얕은 상처가 생길 수 없고, 그런 상처로는 죽을 수 없다는 것이 정조의 판단이었다.

증언도 엇갈렸다. 직접 절굿공이로 내려치는 광경을 목격했다는 증언이 있는가 하면, 강은석의 가족 중에는 그가 한밤중에 너무 술에 취해서 집에 돌아오다가 뒤로 자빠지는 바람에 머리가 부딪쳐 죽었다는 진술도 있었다.

알고 보니 이 사건은 애초에 피해자와 피의자가 서로 사적으로 합의하여 화해한 사건으로, 쉬쉬하며 사건 자체를 덮으려다가 비밀스럽게 수집된 탐문으로 사건이 성립된 경우였다. 정조는 이런 식으로 사건이 마무리되는 것이 매우 잘못되었다고 보았다.

개인끼리 합의로 사건을 경감시키는 것은 사람의 도리가 아니지만 비밀스럽게 정황을 알아내어 사건을 성립시키는 것도 나중에 폐단이 생길 수 있다. 사람의 마음은 늘 잘못을 숨기려고 하고, 재판은 늘 공평하지 못할까를 걱정하는 법이다.

사적인 화해로 사건을 무마시키는 것과 그런 사건을 비밀리에 탐문하여 사건을 성립하는 일 모두 문제가 있다는 것이 정조의 의견이었다. 이렇게 여러 가지 불명확한 정황이 있을 경우에는 사형에 처하지 않는다는 원칙에 따라 정조 임금은 신상손에 대해 사형을 감해주고 유배형을 내렸다.

다산이 말하다　　백성들 간에 사적으로 화해하는 일을 자주 보았는데, 미천한 그들에게도 나름의 도덕적 이치가 있었습니다.

제가 오랫동안 백성들과 더불어 살면서 사적으로 합의하여 화해하는 사건을 자주 보았습니다. 많은 경우가 애매했지만, 미천한 백성들의 풍속이 앞뒤가 꽉 막히긴 했어도 나름의 도덕적 이치는 있었습니다.

자신의 아버지나 남편이 구타를 당하거나 칼에 찔려 살이 터지고 뼈가 부서져서 죽은 경우에 그 아들이나 그 아내는 어떠한 뇌물이나 사적인 합의도 하지 않는 경우가 많습니다.

반면에 사적으로 합의할 경우는 반드시 입은 상처가 크지 않거나 다른 원인이 함께 섞여 있습니다. 가령 오랜 병환이 있다거나 스스로 찔러 자살한 경우입니다. 그런 경우에는 부로(父老 나이가 많은 어른 남자)의 공의(公議 일종의 여론을 일컫는 말)를 통해 관청과 마을 모두의 무사(無事)를 도모했습니다.

한편 아전이라는 족속들은 무슨 사건이 일어나야만 먹고 살 거리가 생깁니다. 아무 사건도 일어나지 않으면 먹고 살 거리가 없게 되므로 사건은 아전의 먹거리이고, 나아가 큰 사건은 아전의 큰 고깃덩어리입니다.

살인은 큰 사건인데, 이미 매장한 시신을 파내어 검시한다는 것은 더욱 큰일입니다. 그 절차는 일단 상급 관아에 보고하고, 사건 자체를 직접 맡아 조사하게 되는데 만약 시신의 흔적과 자국이 불명확하고 살인 사인이 정확하지 않으면 큰 사건으로 인한 이득을 그르치게 됩니다. 그래서 입버릇처럼 '멍이 들었다', '딱딱하다'고 외쳐대니 이 어찌 검사관들이 직접 눈으로 본 것이라 하겠습니까?

증언이 하나의 결론으로 귀결된 것에도 믿지 못할 정황이 있습니다. 아전들이 문밖에서 여러 가지로 위협하고 조사할 때, 큰 몽둥이와 작은 몽둥이로 마구 매질을 하니 백성들은 몇 대 얻어맞다가 금세 혼이 나가버립니다. 목격자이자 증인을 자처한 신복손과 박후전이 어찌 감히 아전의 지시를 어기겠습니까?

저는 많이 보았습니다. 이번 경우처럼 몰래 비밀스럽게 정황을 알아낸 사건인 경우 열에 일곱, 여덟은 심각한 잘못이 숨어 있습니다. 지금 임금의 판결문을 읽으니 사건의 모든 정황을 꿰뚫는 성왕의 밝은 지혜가 세상 만리에 비추는 것을 알 수 있어, 신은 공경하고 칭찬해 마지않습니다.

사적인 합의로 사건을 무마하는 것은 정당한가

사건의 진상은 무엇일까? 다산은 이 사건의 경우 모든 게 의심스럽다고 했다. 사건은 아전들이 경제적 이득을 볼 수 있는 밥벌이가 되고, 시신을 검시하는 일도 허위와 날조가 난무한다고 개탄했다. 즉, 이번 사건은 만들어진 사건일 가능성이 높다는 것이다.

뒤늦게 김은석을 타격한 흉기가 절굿공이로 밝혀진 것만 봐도 뭔가 냄새가 난다. 절구통에 재료를 넣고 빻는 도구인 절굿공이는 나무나 돌로 만들어지는데, 무엇이 되었든 사람의 머리를 타격할 경우 치명적인 흉기가 된다.

'검시 결과 제시된 상처와 범행 도구라고 보고된 절굿공이가 일치하지 않는다'고 적시한 대목에서, 적어도 절굿공이가 범행 도구는 아니라는 사실을 알 수 있다. 정조가 이 사건의 증거, 증인, 실제 사인이 모두 불명확하다고 판단한 것도 그런 맥락에서였다.

다산과 정조는 향촌 지역에서 일어나는 살인 사건에서 개인들끼리 합의하는 일에 대해 다른 의견을 냈다. 정조는 개인들이 사적으로 합의하는 일을 부정적으로 보면서 그런 일은 사람의 도리에 어긋난다고 비판했지만, 다산은 그것에 합리적인 부분이 있다고 긍정했다.

다산은 오랫동안 유배 생활을 했고, 또한 지방관을 역임하면서 백성들 틈에서 살았다. 그만큼 다양한 형태의 사건들을 직접 가까이에서 보았기에 사적인 화해가 그 나름의 도덕적 이치를 따른다고 보았던 것이다. 백성들끼리 사적으로 화해한다고 해서 윤리도덕을 무시하는 일도 없고, 나아가 상식과 질서도 잘 지킨다는 뜻이다.

이럴 때는 반드시 향촌에서 신망을 받고 지식을 갖춘 연장자가 사건을 중재했다. 이 과정에서 주민들의 공론을 얻어 중재했으므로 다수가 납득할 만한 결과를 얻었을 것이라 추측해볼 수 있다.

35

미치광이의
묻지 마 살인

황해도 금천(金川)에 사는 이시동은 평소에 정신이 오락가락하는 병이 있었다. 어느 날 길을 가다가 우연히 만난 배어둔이라는 사람을 아무 이유 없이 몽둥이로 때렸다. 이에 주변에 있던 최쌍동 등 여러 사람들이 놀라 황급히 도망쳤다.

이시동은 배어둔을 마구 때리다 이번에는 근처에 있던 소에게 달려들어 맹렬하게 때리기 시작했다. 그 기세가 얼마나 난폭했던지 소의 뿔 하나가 떨어져 나갈 정도였는데, 이때는 이미 늙고 쇠약한 배어둔이 뇌진탕으로 즉사한 뒤였다.

그러다 갑자기 정신이 돌아온 이시동은 자신이 사람을 죽였다는 사실을 깨닫고는 스스로 목을 매어 죽으려고 했다. 하지만 결국 자살에 실패하고 동네사람들에게 붙잡혔는데 그때까지도 여전히 몽둥이를 손에 들고 있었다.

사건 현장을 목격한 증인과 면장, 이장 등의 진술을 보면 이시동은 평소 정신이상 증세가 있었다고 한다. 하지만 그런 증세가 가라앉고 마음이 안정되면 보통 사람과 똑같았다고 한다.

관아에서 이시동을 데려다 조사해보니 그의 진술은 모순되는 것이 하나 없이 일관되었다. 스스로를 정신이상자라고 말하는 그는 폭력적인 행동을 할 때는 머리가 너무 어지럽고 정신이 혼탁해서 사람과 가축을 분별하지 못한다고 털어놓았다. 그러면서 이시동은 말하기를, 자신은 이번 사건에 변명할 게 하나도 없다고 했다.

사람을 뇌진탕이 일어날 정도로 때린 것은 광기에서 비롯된 것으로 범행 당시의 일이 전혀 기억나지 않는다고 하고, 그나마 배어둔이 죽은 것을 알고 목을 매려고 했다는 식으로 진술하는 이시동에 대해 관아에서는 정신이상자에 대한 이전의 사례에 따라 해결해야 한다고 판단하고 상부 기관으로 사건을 이관했다.

* * *

이 사건에 대한 정조의 판단은 상세한 내용이 전해지지 않기에 최종 판결이 어떠했는지 알 수 없다. 다만《흠흠신서》에만 사건의 개요와 다산의 의견이 개진될 뿐이다.

다산이 말하다   미치광이의 죄를 가볍게 하여 살려주는 편이 옳지만, 살려서 추방을 하면 그곳의 백성들은 무슨 죄입니까?

《대명률》에 따르면 미치광이처럼 불치병에 걸린 사람이 유배죄 이하에 해당하는 범죄를 저지른 경우에는 '속전(贖錢 죗값을 치르는 벌금)'을 징수하고, 사람을 죽여서 사형을 받게 된 자는 임금께 아뢰어 최종 판결을 받는다고 했습니다.

또한《속대전》에는 정신이상자가 사람을 죽인 경우에는 원래 사형이지만 그 형을 감하여 유배를 보낸다고 했습니다. 하지만 정신이상자 중에도 등급이 여럿 있습니다. 귀신에 씌어 정신이 완전히 나간 사람이 있고, 본래 습성이 악질적이고 폭력적이며 세상 무엇도 두려울 것이 없어 스스로를 미쳤다고 하면서 몹쓸 짓을 해대는 자가 있습니다.

전자는 죄를 가볍게 하여 살려주는 편이 옳지만, 살려서 추방하면 추방당한 곳의 백성들은 무슨 죄입니까? 후자는 용서해주지 말고 백성을 위해 제거하는 편이 옳습니다. 이 사건에서 이시동이란 자는 후자의 경우로 백성을 위해 반드시 제거해야 할 부류입니다.

문제는, 이 사람이 정말로 정신이상인지 아닌지 명백하게 밝히는 일입니다. 아무 이유 없이 몽둥이로 사람을 죽였다면 정말로 정신이상자겠지만 원한이나 화를 풀기 위해 죽였다면 절대 정신이상자가 아닙니다.

따라서 살해범과 피살자 사이에 원한 관계가 있는지를 철저하게 밝혀내야 합니다. 하지만 이에 대해 조사한 기록이 없는 것을 보니 해당 지역 관아에서 수사를 굉장히 대충 처리한 것 같습니다.

정신이상자에 의한 살인은 사형으로 벌하지 않았다

가축과 사람을 구분하지 못하고 '묻지 마 살인'을 저지른 사람을 미치광이라고 부른다. 이처럼 정신이상자가 범죄를 저지를 경우에 그 형량이 낮게 판결된다는 것을 알기에, 어떤 자들은 살인을 저지르고도 스스로 미쳤다고 말하며 가벼운 처벌을 받기를 기대했다.

이 사건에서도 이시동이란 자는 스스로를 미쳤다고 말하는데, 진술이 일관될 뿐더러 사람을 죽였다는 죄책감과 충격으로 자살을 감행할 정도로 염치가 있었다는 점을 들어 과연 이 사람에게 정말로 정신이상 증세가 있는지 아닌지가 쟁점이 되었다.

정신분열증은 사고와 행동, 지각과 감정 등 인격을 구성하는 여러 방면에서 이상 증상이 일어나는 정신질환으로 현대 사회에서도 큰 문제로 등장하고 있는데 조선시대에도 유사한 일이 자주 있었다는 사실이 흥미롭다.

조선시대에는 정신병을 '전광병(癲狂病)'이라고 했다. 정조 때 《경국대전》과 《속대전》 및 모든 법령을 통합하여 《대전통편(大典通編)》을 만들었는데, 이 책에 '미치고 실성하여 살인한 자는 사형을 감하여 유배형에 처한다'는 법을 두었다.

일례로 1784년 개성에서 김봉채라는 자가 처형이 자기 형을 죽인다고 의심하여 그녀를 칼로 찔러 죽인 사건이 있었다. 평소에 멀쩡한 형이 피살되었다고 말하고, 또 방에 가만히 있는 아내가 재혼한다고 의심하는 등 정신이상 증세를 보인 점을 들어 전광병으로 판단하여 사형을 감하고 유배를 보내는 것으로 판결이 내려졌다.

36

정약용의 추리,
진상을 밝히다

황해도 수안(遂安)에서 한동네 사람인 김일택과 박태관이 이웃 마을에 사는 이춘연과 술을 마시면서 농담을 하고 장난을 치다가 싸움이 붙었다. 그러던 중에 이춘연이 느닷없이 욕설을 퍼부었고, 김일택이 그를 발로 차고 때렸다. 그런데 이춘연이 사흘 만에 돌연 숨을 거두었다.

이춘연이 죽기 전에 김일택과 박태관이 문병을 가기도 하고, 그의 회복을 위해 약으로 쓸 개고기를 마련하기도 했는데 이춘연이 다시 김일택과 박태관을 만나러 이 마을에 건너왔다가 갑자기 사망한 것이었다.

조사 과정에서 밝혀진 것은, 사건 당시에 박태관의 의관은 온전하고 김일택의 것은 찢어지고 부서졌다는 점이다. 그리고 이춘연이 죽은 뒤에 시신을 김일택의 집에 두었던 것으로 밝혀졌다.

유족은 첫 번째 조사 때는 박태관을 살인범으로 지목했다가 두번째 조사 과정에서 김일택으로 바꾸어 고발했다. 시체를 김일택의 집에 놔둔 것이 그를 주범으로 삼는 증거가 되었다. 형조나 조정에서도 김일택을 주범으로 판정하여 6년간 감옥에 가두고 사형을 선고했다. 박태관은 종범으로 판결을 받고 10개월 만에 무죄로 풀려났다.

당시 정약용은 황해도 곡산 부사로 있었는데 관찰사의 명에 따라 회사관(會査官)이 되어 이 사건을 조사하게 되었다. 회사관이란 복잡한 사건이나 이미 조사했지만 의문이 남은 사건을 특별 조사관을 정해서 재조사하는 임시직이었다.

조사관 정약용의 보고서

직접 칼을 쥐고 개를 도살하는 일은 매우 비천합니다. 그가 싸우지 않았다면 왜 이런 일을 했겠습니까?

여러 가지 조사가 있었지만, 김일택을 주범으로 삼고 박태관을 종범으로 삼은 데는 네 가지 증거가 있었기 때문입니다.

첫째, 김일택의 옷이 찢어지고 관(冠)이 부서진 것입니다.

둘째, 개고기를 먹도록 권한 점입니다.

셋째, 김일택이 시체를 받아둔 것입니다.

넷째, 객사한 사람의 시체를 고향으로 옮기는 일에 대해 이야기를 나눈 점입니다.

초검과 복검을 행한 보고서를 토대로 반복하여 캐묻고 엄중하게 조사하고 또 타이르기도 했지만, 주범으로 지목된 김일택은 억울하다며 끝내 실토하지 않았습니다.

유족인 이춘연의 아내 이 씨 부인, 종범 박태관, 목격자 안상운은 우선적으로 심문해야 할 사람들입니다. 그런데 박태관은 출옥한 후에 이 지역을 떠나서 행적이 묘연합니다. 이 씨 부인도 행방이 묘연하고, 안상운은 병으로 2년 전에 죽었습니다.

김일택의 진술은 사형수가 죽음 앞에서 삶을 갈구하는 말이어서 믿을 수가 없습니다. 조사 내용의 문구를 근거로 삼으려니 진술이 엎치락뒤치락 바뀌어서 의심스럽습니다. 그러면 오직 위 네 가지 증거를 다시 점검해보는 수밖에 없습니다.

첫째, 김일택의 의관이 찢어지고 부서진 일입니다. 박태관이 쌀자루를 지고 왔다는 말이 이미 첫 번째 조사 내용에 있습니다. 김일택을 조사한 내용에 보면 '태관의 옷과 갓이 쌀자루에 걸쳐 있었다'는 주장은 꾸미거나 속일 수 없는 것이고, 일반 백성들은 화가 나서 싸울 때 갓과 옷을 벗는 게 보통입니다.

그러나 김일택의 의관만 찢어지고 부서진 사실만으로 실제로 그가 싸움을 벌였다고 판단하기에는 부족합니다. 맞아죽은 이춘연의 의관이 찢기거나 부서지지 않았으니 박태관의 의관만 온전하다는 사실을 가지고 박태관이 함께 싸우지 않았다는 증거로 삼을 수도 없습니다.

둘째, 개고기를 먹으라고 권한 일입니다. 조사서를 살펴보면 박태관이 직접 개를 잡았다는 말이 김일택을 조사한 보고서에 처음부터 끝까지 여러 차례에 걸쳐 나와 있고, 박태관도 이를 부인하지 않았습니다. 그렇다면 개고기를 먹으라고 권한 일을 김일택에게만 돌릴 수는 없고, 김일택이 억울해할 만합니다.

또한 돈을 내서 개를 사는 것은 쉬운 일이지만, 칼을 쥐고 개를 도살하는 일은 매우 비천한 일입니다. 만약 박태관이 싸움을 말리기만 했고 싸우지 않았다면 이런 비천한 일을 미루지 않고 스스로 할 리가 있겠습니까? 이 점이 의아합니다.

셋째, 김일택이 시체를 받아둔 점입니다. 일단 박태관의 집은 멀고 좁은 반면에 김일택의 집은 가깝고 넓다는 점은 배제하고 봅시다. 유족 이 씨 부인은 김일택을 주범이라고 말하고, 처음부터 김일택의 집에 시체가 있었습니다. 그런데 관아에 들어가서 처음 고발할 때는 어째서 박태관을 주범이라고 말하고 김일택을 싸움을 말린 사람이라고 말한 것입니까?

누가 시체를 집안에 들이는 것을 반기겠습니까? 김일택은 부득

이하게 시체를 받은 것이 분명합니다. 게다가 김일택이 유족을 설득하여 주범을 다른 사람으로 특정하도록 꾸몄다고 하는데, 그 마음속을 알 수 없고 시체를 공손히 받아 결정적 증거로 만들었으니 이는 또 얼마나 바보 같은 일입니까?

넷째, 객사한 사람의 시체를 고향으로 옮기는 일에 대해 이야기를 나눈 점이 있습니다. 이것을 증언한 사람은 안상운입니다. 안상운은 조사 중에 '다만 김일택의 입을 보았는데, 말할 기미가 있는 듯했다'라고 말했습니다. 하지만 '기미가 있는 듯했다'는 말이 어떻게 살인 사건의 증거로 채택될 수 있겠습니까?

결국 위 네 가지 증거는 의심스러운 구석이 많으므로 잠시 접어 두고 논의하지 않겠습니다.

이 씨 부인이라는 사람은 본인이 한 맺힌 유족입니다. 인간의 마음을 가진 자라면 주범을 변경하여 살인 사건 조사를 어지럽히는 일을 어찌 당당한 마음으로 해낼 수 있겠습니까?

처음 조사를 받았을 때 이 씨 부인은 박태관을 살인범으로 지목했습니다. 이때는 뇌물을 받아서 모략을 꾸민 것 같지는 않습니다. 두 번째 조사를 받을 때는 김일택을 지목했는데, 일이 어그러지면서 화를 불러온 것이 분명합니다. 첫 조사가 거짓이 아니면 두 번째 조사가 거짓이 됩니다.

이 씨 부인은 16일에 주범을 고발했다가 22일에 고발 대상을 바꾸었습니다. 이 씨 부인의 말을 모두 믿을 수 없고, 다만 두 가지

중 하나를 선택해야 한다면 다음과 같습니다.

하나는 남편이 죽자 처음에는 마음에서 슬픔이 진정으로 우러나왔습니다. 이는 간사한 마음이 나오기 전으로, 이때 한 말은 믿을 만합니다. 다른 하나는 남편이 죽은 지 7일 후 시체가 이미 차갑게 식어 슬픈 감정이 약간 풀렸을 때 사심이 일어나고 부추김이나 청탁이 마음에 비집고 들어왔습니다. 이때 한 말이 어찌 진심이겠습니까?

현재 참고가 될 만한 증거가 없어졌고, 사건이 벌어지고 난 지 어언 6년이 되었습니다. 다시 조사한들 의혹만 많아질 뿐입니다. 그러하니 김일택에게 진상을 모두 말하게 할 방법밖에 달리 없습니다.

추리 수사로 억울한 누명을 벗겨주다

황해도 관찰사 이의준과 형조판서 박종갑 모두 이 사건의 주범을 단정하여 판결하기가 어렵다고 보았다. 증거가 부족하고 고소인이 가해자를 번복해서 지목했다는 이유로 한 사람에게만 사형을 내리는 판결을 내릴 수 없다는 것이었다.

정조 임금도 이런 의견을 받아들여 김일택의 사형을 면하게 해주고 태장 100대를 친 뒤에 삼천 리 밖으로 유배시키라고 명했다.

세 명이 술을 마시고 장난을 치다가 싸움이 번졌고, 한 사람이 죽었다. 살아남은 두 명은 서로 범행을 미루었고, 유족은 가해자를 지목하기를 번복했다. 증인도 없었다. 사건이 해결될 기미를 보이지 않자 정조는 번외 조사관으로 정약용을 투입했다.

정약용은 사건의 주범으로 확정된 김일택에 대해 그가 범인이 아닐 수 있는 근거들을 조목조목 제시한다. 그리하여 합리적인 추리를 바탕으로 확정된 사건을 다시 뒤집었다.

다산은 구체적인 증거와 이를 통한 추론, 그리고 주변 정황을 통해서 한 발 한 발 사건의 한복판으로 다가갔다. 이로써 6년이나 지난 사건의 주범은 김일택이 아니라 박태관일 수 있음을 밝혀내고 있다. 정약용은 마치 탐정처럼 세월 속에 묻힌 사건의 전말을 캐내어 억울한 사람이 없도록 하는 데 공헌했다.

다산의 법과 정의 이야기

신개정판 1쇄 인쇄일   2021년 07월 28일
신개정판 1쇄 발행일   2021년 08월 05일

지은이   다산 정약용
편역   오세진
발행인   이지연
주간   이미숙
책임편집   정윤정
책임디자인   이경진 권지은
책임마케팅   이운섭 신우섭
경영지원   이지연

발행처   ㈜홍익출판미디어그룹
출판등록번호 제 2020-000332 호
출판등록   2020년 12월 07일
주소   서울시 마포구 독막로18길 12, 2층(상수동)
대표전화   02-323-0421
팩스   02-337-0569
메일   editor@hongikbooks.com

제작처   갑우문화사

ISBN   979-11-9142-041-8 (03300)

※ 이 책은 《인간답게 산다는 것》의 신개정판입니다.